献给北京大学建校一百二十周年

申　丹　总主编

"北京大学人文学科文库"编委会

顾问：袁行霈
主任：申　丹
副主任：阎步克　张旭东　李四龙
编委：（以姓氏拼音为序）
曹文轩　褚　敏　丁宏为　付志明　韩水法　李道新　李四龙
刘元满　彭　锋　彭小瑜　漆永祥　秦海鹰　荣新江　申　丹
孙　华　孙庆伟　王一丹　王中江　阎步克　袁毓林　张旭东

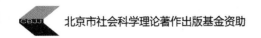

北京市社会科学理论著作出版基金资助　　　北大中国哲学研究丛书

王博　主编

日本近世易学研究

王　鑫　著

北京大学出版社
PEKING UNIVERSITY PRESS

图书在版编目(CIP)数据

日本近世易学研究/王鑫著.—北京：北京大学出版社，2017.12
（北京大学人文学科文库）
ISBN 978-7-301-28645-6

Ⅰ.①日… Ⅱ.①王… Ⅲ.①《周易》—研究 Ⅳ.①B221.5

中国版本图书馆 CIP 数据核字(2017)第 199530 号

书　　　名	日本近世易学研究
	RIBEN JINSHI YIXUE YANJIU
著作责任者	王　鑫 著
责 任 编 辑	吴　敏
标 准 书 号	ISBN 978-7-301-28645-6
出 版 发 行	北京大学出版社
地　　　址	北京市海淀区成府路 205 号　100871
网　　　址	http://www.pup.cn　新浪微博：@北京大学出版社
电 子 信 箱	pkuwsz@126.com
电　　　话	邮购部 62752015　发行部 62750672　编辑部 62757065
印 刷 者	三河市北燕印装有限公司
经 销 者	新华书店
	965 毫米 × 1300 毫米　16 开本　13 印张　175 千字
	2017 年 12 月第 1 版　2017 年 12 月第 1 次印刷
定　　　价	39.00 元

未经许可，不得以任何方式复制或抄袭本书之部分或全部内容。
版权所有，侵权必究
举报电话：010-62752024　电子信箱：fd@pup.pku.edu.cn
图书如有印装质量问题，请与出版部联系，电话：010-62756370

目 录

总　序 ……………………………………………… 袁行霈/1
"北大中国哲学研究丛书"序言 …………………… 王　博/1
序 …………………………………………………………………… 1
自　序 ……………………………………………………………… 1

第一章　易学与神道
　　——山崎闇斋的易学研究 ……………………………… 1
　一　崎门学派的易学传授源流 …………………………… 3
　　1. 山崎闇斋的生平与易著 …………………………… 3
　　2. 崎门易学传授源流 ………………………………… 6
　二　山崎闇斋的易学思想 ………………………………… 8
　　1. 今易与古易 ………………………………………… 10
　　2.《易》本卜筮之书 …………………………………… 13
　　3. "精蕴"说 …………………………………………… 15
　　4.《洪范全书》 ………………………………………… 18
　三　易学与神道 …………………………………………… 23
　　1. 宇宙唯一理 ………………………………………… 24
　　2.《太极图说》与神代说 ……………………………… 28
　　3. 洛书数五与天御中主尊 …………………………… 34

第二章　人伦的世界与形而上学
　　——伊藤仁斋的古学与易学 …………………………… 38
　一　仁斋的生平与学术 …………………………………… 39

二　仁斋的易学思想 …………………………………… 42
　　1. 古者《易》有二家 …………………………………… 43
　　2.《易》为义理之书 …………………………………… 45
　　3.《十翼》非孔子作 …………………………………… 48
　三　易学中的古学问题 …………………………………… 51
　　1. 太极元气说 …………………………………… 51
　　2. 一阴一阳之谓道 …………………………………… 58
　　3. 天道与人道——古学的形而上学 …………………………………… 61

第三章　"后世谈理，率祖乎易"
　　　　——伊藤东涯的易学研究 …………………………………… 67
　一　东涯的生平与易著 …………………………………… 68
　二　东涯的易学思想 …………………………………… 71
　　1.《易》为义理之书 …………………………………… 72
　　2.《十翼》非孔子作 …………………………………… 74
　　3. 象数诸说 …………………………………… 76
　三　易学中的古学问题 …………………………………… 83
　　1. 诠释与心体 …………………………………… 84
　　2. 本体与工夫 …………………………………… 87

第四章　易道与政道
　　　　——太宰春台的易学研究 …………………………………… 96
　一　徂徕学派的易学传授源流 …………………………………… 98
　二　春台的生平与易著 …………………………………… 100
　三　春台的易学思想 …………………………………… 102
　　1. 易道之"正" …………………………………… 103
　　2. 易道之"乱" …………………………………… 106
　　3. 对朱子易学的批评 …………………………………… 107
　　4. 象占分离 …………………………………… 111

四　易道与政道 …………………………………………… 114
　　1. "六经者,先王所以治天下之具" ………………………… 115
　　2. "六艺各有用" ……………………………………………… 116
　　3. "凡治天下国家者,必知易道" …………………………… 118

第五章　泊园易学的成立与展开
　　——藤泽东畡、南岳与《周易辑疏》 ……………………… 123
　一　《周易辑疏》的版本考察 …………………………………… 124
　二　《易纂》与《周易辑疏》 …………………………………… 129
　三　《周易辑疏》的体例 ………………………………………… 132
　　1. 四种卦说 …………………………………………………… 132
　　2. 取象体例 …………………………………………………… 135
　　3. 以史传解《易》 …………………………………………… 139
　四　《周易辑疏》的思想特点 …………………………………… 140
　　1. 圣人制礼 …………………………………………………… 140
　　2. 天德为首 …………………………………………………… 142

第六章　日本近世的易占
　　——以海保渔村的《周易古占法》为中心 ………………… 155
　一　海保渔村的生平与易著 ……………………………………… 157
　二　《周易古占法》的结构与内容 ……………………………… 159
　　1.《周易古占法》的篇章结构 ……………………………… 159
　　2. 渔村的古占法 ……………………………………………… 159
　　3. 对朱子占筮法的考辨 ……………………………………… 169

参考文献 ………………………………………………………… 173

总　序

人文学科是北京大学的传统优势学科。早在京师大学堂建立之初，就设立了经学科、文学科，预科学生必须在5种外语中选修一种。京师大学堂于1912年改为现名，1917年，蔡元培先生出任北京大学校长，他"循思想自由原则，取兼容并包主义"，促进了思想解放和学术繁荣。1921年北大成立了四个全校性的研究所，下设自然科学、社会科学、国学和外国文学四门，人文学科仍然居于重要地位，广受社会的关注。这个传统一直沿袭下来，中华人民共和国成立后，1952年北京大学与清华大学、燕京大学三校的文、理科合并为现在的北京大学，大师云集，人文荟萃，成果斐然。改革开放后，北京大学的历史翻开了新的一页。

近十几年来，人文学科在学科建设、人才培养、师资队伍建设、教学科研等各方面改善了条件，取得了显著成绩。北大的人文学科门类齐全，在国内整体上居于优势地位，在世界上也占有引人瞩目的地位，相继出版了《中华文明史》《世界文明史》《世界现代化历程》《中国儒学史》《中国美学通史》《欧洲文学史》等高水平的著作，并主持了许多重大的考古项目，这些成果发挥着引领学术前进的作用。目前北大还承担着《儒藏》《中华文明探源》《北京大学藏西汉竹书》的整理与研究工作，以及《新编新注十三经》等重要项目。

与此同时，我们也清醒地看到，北大人文学科整体的绝对优势正在减弱，有的学科只具备相对优势了；有的成果规模优势明显，高度优势还有待提升。北大出了许多成果，但还要出思想，要产生影响人类命运和前途的思想理论。我们距离理想的目标还有相当长的距离,需要人文学科的老师和同学们加倍努力。

我曾经说过:与自然科学或社会科学相比,人文学科的成果,难以直接转化为生产力,给社会带来财富,人们或以为无用。其实,人文学科力求揭示人生的意义和价值、塑造理想的人格,指点人生趋向完美的境地。它能丰富人的精神,美化人的心灵,提升人的品德,协调人和自然的关系以及人和人的关系,促使人把自己掌握的知识和技术用到造福于人类的正道上来,这是人文无用之大用!试想,如果我们的心灵中没有诗意,我们的记忆中没有历史,我们的思考中没有哲理,我们的生活将成为什么样子?国家的强盛与否,将来不仅要看经济实力、国防实力,也要看国民的精神世界是否丰富,活得充实不充实,愉快不愉快,自在不自在,美不美。

一个民族,如果从根本上丧失了对人文学科的热情,丧失了对人文精神的追求和坚守,这个民族就丧失了进步的精神源泉。文化是一个民族的标志,是一个民族的根,在经济全球化的大趋势中,拥有几千年文化传统的中华民族,必须自觉维护自己的根,并以开放的态度吸取世界上其他民族的优秀文化,以跟上世界的潮流。站在这样的高度看待人文学科,我们深感责任之重大与紧迫。

北大人文学科的老师们蕴藏着巨大的潜力和创造性。我相信,只要使老师们的潜力充分发挥出来,北大人文学科便能克服种种障碍,在国内外开辟出一片新天地。

人文学科的研究主要是著书立说,以个体撰写著作为一大特点。除了需要协同研究的集体大项目外,我们还希望为教师独立探索,撰写、出版专著搭建平台,形成既具个体思想,又汇聚集体智慧的系列研究成果。为此,北京大学人文学部决定建设"北京大学人文学科文库",旨在汇集新时代北大人文学科的优秀成果,弘扬北大人文学科的学术传统,展示北大人文学科的整体实力和研究特色,为推动北大世界一流大学建设、促进人文学术发展做出贡献。

我们需要努力营造宽松的学术环境、浓厚的研究气氛。既要提倡教师根据国家的需要选择研究课题,集中人力物力进行研究,也鼓励教师按照自己的兴趣自由地选择课题。鼓励自由选题是"北京大学人文学科文库"的一个特点。

我们不可满足于泛泛的议论,也不可追求热闹,而应沉潜下来,认真钻研,将切实的成果贡献给社会。学术质量是"北京大学人文学科文库"的一大追求。文库的撰稿者会力求通过自己潜心研究、多年积累而成的优秀成果,来展示自己的学术水平。

我们要保持优良的学风,进一步突出北大的个性与特色。北大人要有大志气、大眼光、大手笔、大格局、大气象,做一些符合北大地位的事,做一些开风气之先的事。北大不能随波逐流,不能甘于平庸,不能跟在别人后面小打小闹。北大的学者要有与北大相称的气质、气节、气派、气势、气宇、气度、气韵和气象。北大的学者要致力于弘扬民族精神和时代精神,以提升国民的人文素质为己任。而承担这样的使命,首先要有谦逊的态度,向人民群众学习,向兄弟院校学习。切不可妄自尊大,目空一切。这也是"北京大学人文学科文库"力求展现的北大的人文素质。

这个文库第一批包括:
"北大中国文学研究丛书"(陈平原 主编)
"北大中国语言学研究丛书"(王洪君 郭锐 主编)
"北大比较文学与世界文学研究丛书"(陈跃红 张辉 主编)
"北大批评理论研究丛书"(张旭东 主编)
"北大中国史研究丛书"(荣新江 张帆 主编)
"北大世界史研究丛书"(高毅 主编)
"北大考古学研究丛书"(赵辉 主编)
"北大马克思主义哲学研究丛书"(丰子义 主编)
"北大中国哲学研究丛书"(王博 主编)

"北大外国哲学研究丛书"(韩水法 主编)
"北大东方文学研究丛书"(王邦维 主编)
"北大欧美文学研究丛书"(申丹 主编)
"北大外国语言学研究丛书"(宁琦 高一虹 主编)
"北大艺术学研究丛书"(王一川 主编)
"北大对外汉语研究丛书"(赵杨 主编)

此后,文库又新增了跨学科的"北大古典学研究丛书"(李四龙、彭小瑜、廖可斌主编)和跨历史时期的"北大人文学古今融通研究丛书"(陈晓明、王一川主编)。这17套丛书仅收入学术新作,涵盖了北大人文学科的多个领域,它们的推出有利于读者整体了解当下北大人文学者的科研动态、学术实力和研究特色。这一文库将持续编辑出版,我们相信通过老中青学者的不断努力,其影响会越来越大,并将对北大人文学科的建设和北大创建世界一流大学起到积极作用,进而引起国际学术界的瞩目。

袁行霈
2017年10月修订

"北大中国哲学研究丛书"序言

如果从老子和孔子算起,中国哲学已经有两千多年的历史。先秦子学、两汉经学、魏晋玄学、隋唐佛学、宋明理学,每个时代都留下了古代先哲思想的轨迹,代表了中国人对于人生、政治、社会和宇宙的深刻理解。降及近现代,随着中国和西方的相遇,知识和思想的拓展使传统哲学经历了严峻的挑战,现代意义上的中国学术也开始建立,中国哲学学科也在这个背景之上开始诞生和确立。

中国哲学学科的诞生和确立与北京大学哲学门(1919年后改称哲学系)密不可分。1912年哲学门成立,即设置了中国哲学门、印度哲学门和西洋哲学门。由于师资的缘故,最初的哲学门主要就是中国哲学门。陈黻宸、陈汉章、马叙伦等讲授中国哲学史等课程。1917年,胡适回到北大讲授中国哲学史,《中国哲学史大纲》卷上的出版,标志着现代意义上中国哲学研究的开端。其后,梁漱溟、熊十力、冯友兰都曾经在北大开设中国哲学方面的课程。1930年,汤用彤开始在北大讲授中国佛教史等,在佛教、玄学等领域的研究堪称典范。经历了西南联大时期之后,1952年的院系调整,北大聚集了全中国最优秀的中国哲学学者,包括冯友兰、汤用彤、张岱年、任继愈等。

北大的中国哲学研究,既重视文献和历史,又强调问题和理论。哲学资料和历史线索的梳理具有基础的意义,而问题关怀和理论兴趣则体现出哲学的本性。和西方哲学一样,中国哲学追问关于宇宙人生的根本问题,但同时也有其自身的特点。譬如对于政治世界的特殊关注,以及对于人生境界的思考。在中西知识的会通中,北大的中国哲学研究努力发掘中国哲学的特殊精神和世界意义，并努力探索面向当代和未来世界的文化根基。

作为北京大学人文学科文库的一部分，中国哲学研究丛书力图反映当代中国哲学研究的最新进展。在冯友兰和张岱年先生等之后，朱伯崑、汤一介、楼宇烈、陈鼓应、许抗生、陈来、李中华、魏常海、张学智、王中江等先生的研究在很多领域都做出了开拓性的或者延伸性的贡献，给后学提供了进一步前行的指引。比较而言，青年学者有着更好的知识储备和学术环境，也有着更好的跨学科和跨文明的知识自觉。无论在理论框架、问题意识，还是在方法和视野方面，新一代学者的研究都表现出自己的特点。我们希望通过中国哲学研究丛书的出版，让更多的读者可以了解北大人文学术的特点。我们也愿意与中国和国际学术共同体一起，推动中国哲学研究的进步。

王　博

序

一

　　王鑫先生的《日本近世易学研究》是通过考察代表性相关文献,对江户时代易学的受容与变迁进行研究的著作。

　　至今而言,日本的近世即江户时代(1603—1867)的思想研究已为数不少。特别是儒教与日本的关系,迄今为止已经有了各种各样的论述。但是,儒教对日本的思想、学术、文化、生活究竟产生了怎样的影响?——换言之,"儒教对日本来说意味着什么?"对于这一问题,目前研究者们所给出的解释仍有着极大分歧。虽说儒教在日本所产生的巨大影响是毋庸置疑的,但对于这种影响的评价,我们似乎还未能给出清晰的答案。

　　作为上述事态所产生的结果之一便是对儒教在日本的实际情况究竟如何我们依然有许多不明之处。如此说来,或许可以倾向于认为日本儒教还未能得到充分的调查研究。虽然自明治时代以降,井上哲次郎的三部曲——《日本阳明学派之哲学》《日本古学派之哲学》《日本朱子学派之哲学》(1900—1905)以来,已有许多相关学术研究的业绩,特别是战后日本思想史的研究尤为盛行。但就儒教一事而言,未开发的研究领域仍为数不少。如日本儒教中的礼乐思想以及本书所讨论的易学思想,便是如此。

礼仪、乐律以及以《易经》为首的五经是江户时代儒者知识与教养的重要组成部分。但在后世，我们却有只选取其中一部分论述其意义与价值的倾向。换言之，与儒教固有的文脉不同，这种对哲学思想的文脉抽象追寻的结果，并未能正确传达出当时儒者的学问与教养的实质样态是怎样的。于是，一种"歪曲"便从这里产生了。这是"好学深思之士"都能轻易察觉的事情吧。

由于以上原因，有关江户时代儒家礼仪与乐律的研究，或许令人意外，实际上正处于刚刚起步的阶段。在这里，王鑫先生所关心的易学，正是日本思想史研究中未开发的领域之一，可称得上是以切近当时思想史事实为目的的极为宝贵的论著。

二

以下，试介绍本书的内容。

如本书《序言》所说，尽管《易经》在早期便传到了日本，但其研究之兴盛则在江户时代。江户时代的易学著作多达一千余种，著书者超过四百人，易学研究呈现出蓬勃发展的样态。此外，这些著作在与中国易学史的主要脉络(汉易与宋易、卜筮与义理等)交涉的同时，还带有着日本独特样貌。接着，本书选取了朱子学派、古义学派、徂徕学派(古文辞学派)、泊园书院及考证学派的代表人物与易学著作，展示了本书从文化交涉学的视角出发对日本近世易学进行考察研究的基本方针。

第一章"易学与神道——山崎闇斋的易学研究"通过对《朱易衍义》《文会笔录》等《山崎闇斋全集》所收录相关著作的考察，研究了江户时代前期朱子学派的代表人物山崎闇斋的易学。

敬服朱熹以至于有"与朱子同谬，何遗憾之有"之说的闇斋，其易学从文本到思想，也专门服务于对朱熹易学的整理与彰明。然而研究认为，及至晚年其易学思想也与神道有了密切的联系。也就是说，"宇宙唯一理"的思想、《太极图说》的万物生成论与垂加神道的融合、"河图洛书"的考察等，可认作是神道被赋予了"理"这一普遍性的表现。由此我们可以得出，这是通过使用自中国传入的朱熹的"理"为日本固有的传统立法的结论。

第二章"人伦的世界与形而上学——伊藤仁斋的古学与易学"则考察了古义学派的创始人伊藤仁斋的易学。根据《易经古义》《大象解》等其易学相关主要著作，在分析了仁斋的"古者《易》有二家""《易》为义理之书""《十翼》非孔子作"等易学主张后，指出了作为仁斋独有之特色——依据汉易（古易）将"太极"解作"元气"的本体论的展开。从此可知，以往被"绝对的人类学""人伦的世界"定义了的仁斋的思想，并未失去其对形而上学的关注。

本章还指出虽然这种一方面反对"天道"，另一方面又试图构建形而上学的想法，乍看之下似乎是矛盾的，但实际上却是为了批判佛教空虚思想和道家虚无思想，从而追溯到古学的儒教立场的结果。

第三章"'后世谈理，率祖乎易'——伊藤东涯的易学研究"通过对仁斋之子——伊藤东涯易学的考察，对古学派易学的展开进行了实证的接续研究。除伊藤东涯的代表作《周易经翼通解》外，本书还对天理大学古义堂文库收藏的《周易传义考异》、国会图书馆所藏《易考异》、本校（关西大学）内藤文库所藏《读易私说》、泊园文库所藏《周易义例卦变考》等众多的传存抄本进行了调查，并以此为资料而灵活运用。

据王鑫的研究，东涯易学的重要特色，首先是对仁斋"十翼非孔子所作"之说的继承和发展。其次则涉及象数问题（占筮法），本书列举了东涯对朱熹"正策""余策"说的批判，如实展示了自此而来易学研究的致密。

然而研究认为，东涯易学之重要哲学意义依然要属达成了"后世谈理，率祖乎易"这一认知。进而从这一立场出发，东涯就《易经》研究的诠释原则进行了调整，在这一过程中，仁斋将"太极"视作"元气"的本体论被进一步推进到了心性论、实践论的水平。

第四章"易道与政道——太宰春台的易学研究"所论及的是徂徕学派(古文辞学派)的代表人物太宰春台的易学思想。所使用材料,除《易道拨乱》与《易占要略》外,还包括泊园文库所藏《周易反正》等抄本。

研究认为,春台的易学思想,如其"夫易自有易之道,与他经异"之说,以《易经》的特殊性作为其认识的出发点。依据徂徕学派的观点,六经之所以重要在于其记载了"先王之道",而在春台处,"道"则由五经记述的"常道"与《易经》开陈的"易道"两部分组成。进一步来说,由于先王之道的历史性变化正基于易道的阴阳与数理,易道便展现出作为理解这一变化的历史哲学的意义。因此在春台处,"先王之道"的衰退并非意味着五经之常道的无效,相反的,对于易道的认识正是拨乱反正的政治之道的保证,这一认识也是其易学特色的归结。

第五章"泊园易学的成立与展开——藤泽东畡、南岳与《周易辑疏》",是针对泊园书院《周易辑疏》的考察研究。泊园书院是徂徕学一系的汉学私塾,是从幕府末年到明治初年,亦即19世纪后半叶大阪地区最大的学术场所。《周易辑疏》本是泊园书院院长藤泽东畡、南岳在经学方面的代表作,然而未能广泛流传于世,目前仅在关西大学泊园文库藏有2部。

首先,此书此前虽被认为是南岳所撰,然可证实其内容实际上大多是引用东畡的说法。进而要说明的是,此书大量引用并疏解了中国与日本的易注,形成了其独具特色的"辑疏"体裁。就本书内容而言,研究在通过其记述与按语,巧妙地整理了说明六十四卦是如何变化的——所谓"卦变"的复杂理论的同时,还于此书中看到对徂徕学之政治哲学特色的论证。

因此,研究在政治思想一节进一步指出,东畡将《乾卦·象传》"天德不可为首"与《孟子·离娄》"仁不可为众"作为同义互释的着眼点。研究认为,这一解读虽有曲解的嫌疑,但若套用于近世天皇与将军的关系,其中臣下不得对权力有所欲求的政治意味就十分明晰了。也就是说,这是将日本"万世一系"的皇统与周公、孔子之道等量齐观,是否定革命论的日本国体论的反应。研究指出,这也正清晰地显示出泊园学的特色。

第六章"日本近世的易占——以海保渔村的《周易古占法》为中心",考察了海保渔村的易学思想。海保渔村作为幕末的考据学者为人所熟知,尽管此人十分著名,但有关其学术思想的研究却停滞不前。本书在对其《周易古占法》进行详细论述的同时,还与朱熹的占法进行了比较研究。

三

如此,虽然《易经》作为儒教经典中首屈一指的重要文献,但综上所述,以往关于日本近世的易学研究却极为少见,本书正为弥补这一缺陷提供了丰富的内容。

本书的特色首先在于咀嚼高度专门化的易学内容这一点。中国易学自先秦时代,经汉代、六朝、唐代,至宋代的朱子学,拥有着悠久的历史。由此才与江户时代的易学产生了接续,王鑫先生在立足于中国易学的各类专业理论的同时,较好地阐明了日本近世的易学理论。其中占筮法和卦变的有关阐释也十分准确。

其次,在于本书对学术资料的挖掘与广博的搜集。由于江户时代儒者的著作大多是以手抄本的形式流传,迄今为止依然存在作为易学相关研究资料使用的困难,王鑫先生对这些抄本及其他贵重资料进行了深入的挖掘工作,并施以了充分的灵活运用。这点在伊藤东涯、太宰春台、藤泽东畡、南岳的部分尤为显著,可以说是非常宝贵的研究成果。

其三,本书对易学在日本独立展开的论述十分重要。以山崎闇斋为例,本书揭示了易学理论是如何成为日本固有之神道与神话的解释原理的。于伊藤仁斋的部分,则论述了易学作为对抗佛教与老庄思想的儒学理论的灵活运用，以及伊藤东涯在仁斋易学的基础上，其反朱子学理论在心性论、实践论领域的展开。研究还指出了太宰春台对先王之道与《易经》之关系的探索，并在易道中找到了引导政治社会行进方向之法。进而揭示了藤泽东畡、南岳继承了徂徕学政治的一面，于《易经》中追寻日本国体论的理论基础，等等。这些论述为我们很好地展示了日本近世《易经》受容与变迁的具体样态。

当然，作为贯穿日本近世易学展开史的总体研究路径，与中国易学史的比较研究，想必仍有进一步深入解说的需要。而就阳明学派的易学、新井白蛾所代表的通俗易学来说，或许也应受到进一步关注。这些应当是我们今后所应关注的课题。但对以往被忽视的有关江户时代易学理论研究之意义，应该得到充分认可。本书是针对"发源于中国的易学在日本是如何展开的"，以及"其在思想上又有着怎样意义"的问题所展开的实证与哲学分析相结合的研究，可以说为儒教史或东亚思想史研究添加了宝贵的成果。因此，我相信本作不仅在日本，在中国亦能得到热烈的反响。

王鑫先生于北京大学哲学系完成硕士课程后，进入关西大学研究院文学研究科攻读博士课程，于2012年取得博士(文学研究科文化交涉学)学位。本书为其关西大学博士学位论文基础上的增补修订之作。其行至今，历经了波折坎坷无数，包括在日本生活方面的问题，想来必极为辛苦，然而不论如何，王鑫先生依然在三年内完成了博士论文的写作，也成就了如今本书的出版。相信他的努力至少可被视为今后阐明儒教与东亚文化交流史的基石之一。身为作者的指导教授，谨以此序，为本书的出版送上祝贺。

关西大学东亚文化研究科教授　吾妻重二
2017年3月吉日(佟欣妍　译)

自　序

一

东亚近世儒学的开展与朱子学有着密切的关联。但如何深入朱子学发展的固有文脉，具体而微地描绘出朱子学这一影响发生的思想空间，仍然是学者们需深入研究的课题。

当我们注意到朱子思想主要是以经典解释的形态在近世东亚被广泛接受与吸收的历史事实，那么，对于朱子思想开展具有根源性意义的《易经》及其新注，便成为切入相关课题时无法回避的存在。本书的研究便是以日本近世易学为中心，通过江户儒学各家吸收、融合、转化与攻驳朱易的生动实例，揭示出朱子学对日本近世乃至整个东亚近世思想空间的基础性建构作用。

二

《周易》传入日本的历史很长。早在推古天皇十二年(604)，圣德太子发布的《十七条宪法》中，便有对《周易》思想的引用。元正天皇养老二年(718)制定的《养老律令·学令》，仿照唐代学制，也将《周易》列入学者必习的内容。但《周易》研究的兴盛与深入，是在德川幕府主政的江户时代。据笔者统计：江户时代的易学著作达到1000多种，著者亦有400余位，呈现出蓬勃的发展样貌。但同数以千计的易著形成鲜明对照的则是近代以来整理、研究工作的缺乏。① 因此，本书将以学派为线索，在对相关易学文本进行详细调查与细致分疏的基础上，对江户时代重要儒学流派的易学进行分析与探讨。这种以学派为线索的方式或许面临着与江户易学自身发展线索不能完全重叠的危险，但其优点却在于能够借此充分、有效地观察与把握易学与江户儒学主体间的关联与互动。

本书共分六章。其中，第一章是有关江户前期海南朱子学派的代表人物山崎闇斋的易学研究。依照朱谦之先生在《日本的朱子学》（北京：人民出版社，2000年）中的分法，日本朱子学可分作六派，分别是：以藤原惺窝、林罗山为代表的京师朱子学派；以谷时中、山崎闇斋为代表的海南朱子学派；以贝原益轩、中村惕斋为代表的海西朱子学；以怀德堂为中心的大阪朱子学派；以"宽政三博士"为代表的宽政以后的朱子学派以及德川光圀的水户学派。② 日本朱子学派的易学研究有一个共同的特点，即他们的易学大都是围绕程朱易学、尤其是朱子易学而展开。闇斋亦不例外。

闇斋是一个秉承着严格主义的朱子学者，他学宗朱子，曾称"与朱

---

① 笔者所及有关江户易学史的专门著作，迄今为止只有香港中文大学吴伟明教授所著的《易学对德川日本的影响》（香港：中文大学出版社，2009年）一书。这本书构建了江户时代易学思想的整体面貌，分别从政治思想、经济思想以及文化思想三大方面，描摹了易学思想对德川日本全面而深刻的影响。其中关于易学与文化思想方面，著者又一一探讨了易学思想与日本的神道思想、佛教思想、自然科学、医学、军事、文艺等诸多方面的联系，系统考察了易学对德川社会的渗透。但吴伟明先生的研究，所采取的是社会文化史的研究方法，注重考察对象的整体性。本研究则是以哲学史和经学史相结合的方法，一方面指出研究对象在易学史上的特色及位置，另一方面则试图深入阐发各家所包含的与易学相关的哲学思想。

② 与井上哲次郎在《日本朱子学派之哲学》（东京：富山房，1915年订正增补版）中的分类相比，朱谦之在其基础上，增入了以怀德堂为主的大阪朱子学派。

子同谬,何遗憾之有?"他在易学上的成绩主要是对朱子易学从版本到思想上的整理与发挥。值得一提的是,在江户易学发展的过程中,同朱易对话的各家都曾广泛注意到朱子《周易本义》的版本问题。近藤启吾的研究①也表明:江户初期日本儒者对于朱子学的研究多依据《四书大全》《五经大全》与《性理大全》这三种大全。而从各家对《周易本义》版本问题的关注可以推知:当时对朱子易学的传习很大程度上依赖于明代胡广等奉敕编纂的《五经大全》的第一种《周易大全》(又名《周易传义大全》)。《周易大全》编纂所采用的并非是朱子《本义》经传分离的十二卷本,而是从程颐《易传》本,并将朱子《本义》割裂散附于程颐《易传》本之下。因而各家在易学讨论的初始都试图指出《周易本义》经传分离、传义不杂的本来面貌。但相较于其他诸家,闇斋从版本入手对朱易的澄清在于他深刻地察觉到朱易版本与朱子易学思想间的内在关联。闇斋看来,只有恢复朱子《本义》经传分离、不杂程传的"古易"面貌,才能分辨朱子所说的"四圣作易",并进而真正接近和把握朱子易学最重要的宗旨:"《易》本卜筮书"。

据此,闇斋抉发了朱子易学思想中向来为学者较少关注的"精蕴"之说,并以朱子在《通书解》与《语类》中的材料指明"圣人之精"与"圣人之蕴"的区别:"精"是指伏羲画卦之前、作易的本意;而"蕴"则是有卦以后,据卦引申演绎出来的道理。闇斋对朱子"精蕴"说的抉发不仅以圣人之"蕴"解决了张南轩从《系辞》传出发所提出的卜筮只是"圣人之道四"中之一的挑战,而且以圣人之"精"重新勾连了孔子易与伏羲易、文王周公易的整体,从而指明"《易》本卜筮书"是就四圣作《易》的本意(圣人之"精")而言,即使人能够利用卜筮知吉凶而成事业,突出了其中的"本"字。在闇斋看来,朱易中对于象数的重视,就是从圣人之"精"即作《易》本意出发的结果,而以义理解《易》实际上阐发的是

---

① 详见近藤启吾:《解题》,《神道大系·论说编·垂加神道》,东京:精兴社,1984年,第9页。

圣人之"蕴"。"精蕴"说的提出，不仅妥善安置了朱子易学中象数与义理间的关系，而且构成了理解朱子易学解释原则的重要线索。这意味着对《易经》经文的解释，首先要从象数着眼，但同时又不排斥义理的发挥。例如，在对《系辞》"易，无思也，无为也，寂然不动，感而遂通"一句的解释中，朱子说："易，指蓍卦，无思无为，言其无心也。寂然者，感之体；感通者，寂之用。人心之妙，其动静亦如此。"①在朱子的解释中，"寂然不动，感而遂通"首先是指卜筮前后的状态，但同时也可以理解为人心理活动时的不同阶段或状态。这就将原本解释蓍卦的经文同时作为了其心性哲学展开的根据。

通过山崎闇斋的易学，我们可以看到日本朱子学派易学研究以朱易为准绳的特点。但对于日本朱子学派来说，朱子通过理本论对易学本体论的诠释②，强化了其所说之"理"在自然之理（天理）意义上的存在。尤其是朱子的"理一"说，不仅代表着朱子理学体系内部的一贯性，更代表着朱子所言之理的普遍性。如果将这一普遍性放置于儒学历史的不同阶段以及儒学展开的不同区域，那么，如何面对和理解这一传自"异邦"的自然之理，实际也构成了日本朱子学派易学展开时最根源的问题之一。闇斋的思想在晚年曾有一神道转向，其中他对朱子易学与"本邦固有之神道"的融合尝试，就是对这一问题的探索与回答。

闇斋提出"宇宙唯一理"，指明神道虽属"我倭"，"神"与"圣"虽有日出处、日没处（607 年，圣德太子致隋炀帝国书有"日出处天子致日没处天子"之说）之异，但由于其理在根本上的一致，神道与圣人之道自有"妙契"之处。这就一方面通过"理一"（或"一理"）赋予了神道与圣人之道以同等的普遍性，另一方面则在这种普遍性的基础上使得神道作为日本之道的独立地位呈现出来。更进一步，闇斋以神儒相"习

---

① 朱熹：《周易本义》，《系辞传上》。

② 相关方面的研究，可参看朱伯崑：《易学哲学史》，北京：华夏出版社，1995 年，第 437 页中有关朱子易学哲学理本论的分析。

合",将神代说与《太极图》及《太极图说》中万物生成的理论相融合、并将洛书中数五"独而无对"的数理特性视作"中"的法则。这一"中"的法则不仅体现为神代中最高的主宰神、贯穿于神交合产国的过程中,也表现在人间秩序的君臣"合体"之道中。尤其是臣道,在闇斋看来,"中"表现为儒家所讲的"忠"。闇斋曾表彰《拘幽操》"臣罪当诛兮,天王圣明"①一句以赞美文王之德,并引朱子"臣子无说君父不是底道理,此便见得是君臣之义"②来表达他对忠的态度:君即使是昏君、恶君,为臣者也不可不忠、不敬。由此,闇斋反对中国的异姓革命之说,并大加称赞日本"万世一系"的神皇之统。从闇斋的例子可以看到,对于江户儒学"尊朱"一脉的思想家而言,朱子易学不仅构成了他们对世界普遍性认知的基底,而且成为了近世日本自身文化、政治主体赖以成长的重要思想资源。

三

本书第二、三章所涉及的伊藤仁斋、东涯的古义学,第四章所讨论的太宰春台的古文辞学,依照通常江户思想史的分类,都属于江户儒学中"反朱"的"古学"一派。但"反朱"并非是对朱子学简单的拒绝与否定,而应该看作是对朱子学某种意义上的扬弃。对于古学派来说,复古也不仅是为了探明洙泗之真义,更是为了由此以开新——以复古的名义从朱子学中解放出来,从而获取对儒学新的认知与解释的可能。

以往的研究者从伊藤仁斋对《论语》《孟子》的推崇和注解出发,通常将仁斋的古学理解为一种"绝对的人间学""人伦的世界"。但从仁

---

① 山崎闇斋:《拘幽操》,收于《新编山崎闇斋全集》第四卷,日本古典学会编,东京:ペリかん社,1978年,第125页。

② 同上。

斋晚年所作《易经古义》及《大象解》等作品出发，我们却可以看到一种以太极为元气的本体论构建的努力。在仁斋看来：朱子所言之"理"因为缺乏能动性，无法成为万物生成与主宰的动力根源，只有生生不已的太极元气才是万物化生的根本。他将这一过程描述为"太极元气——阴阳二气（乾元坤元）——万物"，即太极元气分生为阴阳二气，阴阳二气化生为万物的过程。因此可以说，在仁斋思想中尤其在其晚年思想的发展中，包含有形而上学的思考。但这一形而上学的倾向却似乎又与前所言其依据《论》《孟》、不离人伦的古学宗旨相矛盾。因此，仁斋的易学构成了一个考察与理解仁斋古学动态发展过程的新视角。可以看到，仁斋古学思想发展过程中矛盾的两面实际上都渊源于古学自身开展时试图批判超越的对象。从朱子学的一面来说，正是为了克服朱子学言理的形上趋向，古学才强调不离人伦；但同时也正是在朱子学的刺激之下，古学才有了构建形而上学的冲动。仁斋之子伊藤东涯曾说："后世谈理，率祖乎易。"这一对理学思想与《易》经间根源性联系的洞察足以表明古义学派对易学重视的原因，即一方面通过对易学的重新诠释，从根源处批判与解构朱子学成立的基础，另一方面，则由此自觉地重建古学的形而上根基。因此，在古义一脉的易学中，仁斋发明以太极为元气的本体论，东涯则在此基础上，在《周易经翼通解》中，将仁斋太极元气的本体论在心性、工夫论的层面作了更进一步的推进，圆满地完成了古学形而上学的构造。

但同时我们可以看到，从仁斋太极元气说的理论形式来说，无疑仍是受《太极图说》中宇宙生成模式的影响，仁斋在这里只是以生生不已的太极元气为本体改造并赋予了这一模式以新的解释。而东涯对"本体——心性——工夫"的层层推进，虽然就本体、心性与工夫提出了与朱子迥然不同的理解，但这一思想开展原初的理论形态却恰恰是最为典型的理学、朱子学的思考方式。

四

在太宰春台的易著题名中，《易道拨乱》与《周易反正》中的"拨乱""反正"之说是把握春台易学内在理路的一条线索。春台看来："夫易自有易之道，与他经异。"可以说，对"易之道"特殊性的认知，构成了春台易学的出发点。"易之道"的特质在于象数。易道的"正"与"乱"即根源于易学史上各家对这一特质的不同认知。据此，春台对朱子易学的评价，总体上可用"功过参半"来概括。在他看来，朱子于易道的发明之"功"有三：一是能从晁说之、吕祖谦之说，正《易》简编，恢复古易"经传分离"的本来面貌；二是作《易学启蒙》以明象数；三是《周易本义》中用象占分离解释经文，并提出"《易》本卜筮书"。但春台对于朱子易学批评最关键的地方在于对《启蒙》中"理一"说的否定。这一否定同样是出自他对于易道特殊性的认识。在春台看来：河图与洛书的不同表明的是易道与其他道即常道间的不同。朱子强调"理一"，以易道为普遍之道，并用理气心性之说来解释易道只是一家之言，实际上是对易道的严重偏离。

对于徂徕学派而言，六经最重要的意义在于其中记载了包含先王礼乐的先王之道。春台对于易道特殊性的理解也体现在了他对先王之道的理解中。在他看来，先王之道包含两个两部分：一部分是五经所构成的常道；另一部分则是易道。与五经所构成的常道相比，易道在先王之道中的独特作用在于：先王之道的历史性变化正是基于易道本身的阴阳与数理，相应地，对于易道的认知和把握则表现为理解这种历史性变化的历史哲学。这种历史哲学有效地解释了先王之道在历史中的衰败。所以，对政治家而言，先王之道的衰败并不意味着五经常道治世有效性的丧失。恰恰相反，政治家更应当通过对于易道的了解而充分地认识到：盛衰治乱叠相交至本就是一切政治的历史性命运。这也是政治家在衰蔽之时能够坚守常道、不起疑惑,最终"拨乱世"而"反诸正"的前提与保证。

五

本书第五、六章分别是对泊园书院的《周易辑疏》以及海保渔村的《周易古占法》所做的考察。其中,海保渔村是江户后期考证学派的殿军,其所作《周易古占法》是儒流的易占传统中最为杰出的代表。从《周易古占法》可以看出,儒流易占的一个重要特点在于:他们的易占理论与方法始终紧扣朱易的主题,不管是赞同朱易,还是反对朱易,他们始终是在与朱子《启蒙》《本义》占筮理论与方法的对话中展开的。可以说,正是朱子的易占构成了日本近世易占发展的底色。而这点,与日本近世易学发展的整体特点是相一致的。

《周易辑疏》则是从幕末到明治初期大阪最大的汉学塾泊园书院在经学方面的代表作。这部书传世很少,现仅有活字版两部藏于关西大学泊园文库。"辑疏"这种体裁在江户易学的作品中比较少见,而且相较于中国易学研究的同类作品而言,该书征引了大量日本易家的注解,熔铸中日众家易注于一炉。同时,《周易辑疏》在辑疏内容的选择上以及由东畡与南岳所作的按语上,都鲜明体现了泊园易学作为徂徕后学重视政治哲学的特点。但从《周易辑疏》所辑取的各家易注中却可以看到:朱子的易注成为了众多注疏中的一种,并不具有特别的位置,这也显示了从幕末到明治初期在易学乃至社会思想上的一种新动向。

六

"日本近世易学研究"是我在日本关西大学攻读博士学位时的研

究题目。对于一个崭新的领域而言,三年的时间显得过于仓促。因此,在博士后阶段,我仍然选择这样一个题目,希望能够继续深入下去。所以本书实际上是我在博士论文及博士后出站报告基础上的扩充、修改与完善。

同时,这本书也是我踏入专业学术研究的第一部习作。对我而言,其中的欢喜哀愁难以尽言。在研究的初始,我曾依据《日本古典籍综合目录》以及大量其他书目,对原始文献的相关情况进行了调查。并在论文的写作过程中,去日本各地图书馆搜寻资料,接触了大量的稿本、抄本、刊本以及一些珍本图书。其中,尤其是关西大学所有的泊园文库为我提供了许多便利和帮助。但由于时间和学力所限,本书的研究不免存在着种种缺憾。例如,从内容上来说,本书所及只有朱子学、古义学、古文辞学及折衷学派四派的易学,就江户思想的整体而言还不够完整,值得研究的还有山鹿素行的古学派、阳明学派等。就已讨论的学派而言,其内部亦有进一步拓展的空间,如朱子学派中林罗山一系的易学、山崎闇斋学派的易学、中井履轩的易学等。并且,以学派为线索的方式也值得作进一步反思。如前文所言,这种方式的优点在于能够有效地把握易学与江户思想主体间的互动。但缺憾在于学派的线索与江户易学自身的发展线索并不能完全重叠。例如新井白蛾、皆川淇园等人,他们在易学上很有名,但却非某一思想流派的中心人物。在原定的写作计划中,我还打算调查北京大学图书馆与中国国家图书馆有关日本近世易学类著作的馆藏情况,在此基础上,作一提要,以此从另一个角度展现日本近世易学回传入中国的情况。但由于时间的限制,相关的调查我只完成了其中的部分内容,因此,只能遗憾的在本书中加以舍弃。这些不足,都有待将来的研究作进一步的补充与修正。

2012年在完成博士论文时,依照关西大学的惯例,似乎没有致谢的部分。在本书序言的结尾,我想弥补之前的遗憾。在这里,首先想感谢我的父母,虽然他们并不懂什么是学术,但仍然最大程度保留了对我人生选择的尊重与支持。其次,我想感谢在我问学各个阶段的指导老师们,他们是我的本科指导老师杨立华教授、硕士指导老师陈来教授、博士指导老师吾妻重二教授以及博士后指导老师王博教授,老师们不仅影响了我的学术志趣与路向,更让我体会到学术与生命间的血脉关联。最后,我还想感谢一路以来真心待我的各位师友,是你们的真诚与温暖,让我一直感念这个世界。

王 鑫
2017年2月28日于李兆基人文学苑

第一章

易学与神道
——山崎闇斋的易学研究

江户时代的朱子学流派众多。① 但从易学来说，最为重要的有两派：一是藤原惺窝系统的林罗山(—林鹅峰—林凤冈)一系，另一则是山崎闇斋的崎门学派。②

藤原惺窝(1561—1615，名肃，字敛夫，号惺窝)是江户朱子学的开山始祖。经由他的推荐，其弟子林罗山(1583—1657，名忠，一名信胜，字子信，号罗山)于庆长十年(1605)深衣儒服以见德川家康，并大被宠信。据《先哲丛谈》："(罗山)起朝仪、定律令，大府所须文书，无不经其手。"③罗山之后，其子孙世世相继为幕府儒官，林家的私塾昌平阪学问

---

① 依照朱谦之《日本的朱子学》(北京：人民出版社，2000 年)中的分法，日本朱子学可分作六派，分别是：以藤原惺窝、林罗山为代表的京师朱子学派；以谷时中、山崎闇斋为代表的海南朱子学派；以贝原益轩、中村惕斋为代表的海西朱子学；以怀德堂为中心的大阪朱子学派；以"宽政三博士"为代表的宽政以后的朱子学派以及德川光圀的水户学派。与井上哲次郎在《日本朱子学派之哲学》(富山房，1915 年订正增补版)中的分类相比，朱谦之的分法在其基础上，增加了以怀德堂为主的大阪朱子学派。此外，在学派的具体命名上两者也有不同。如京师朱子学派，井上称之为"京学以及惺窝系统"；海西朱子学派，井上称之为"惺窝系统以外的朱子学派"；海南朱子学派，井上则称为"南学以及闇斋学派"，独立突出了闇斋学派的地位等。

② 朱子学派的易学研究，值得注意的还有大阪朱子学派中井履轩所作的《周易雕题》与《周易逢原》等。

③ 原念斋：《先哲丛谈》，《东洋文库》574，东京：平凡社，1994 年，第 33 页。

所亦成为幕府的官学。因此,林罗山一系的易学实际可视作江户时代官方易学的一个代表。罗山曾标点《周易本义》及《周易传义大全》等书。其中,《周易本义》标点本经其子林鹅峰改良后成为官版。① 此外,鹅峰还著有《周易本义私考》《易学启蒙私考》《周易程传私考》等十余种易著。鹅峰之子凤冈亦有《周易程传私考补》等传世。但从易学研究的规模来说,朱子学派中最引人注目的还是山崎闇斋及其门流的易学。崎门中人不仅广泛地对易学抱有兴趣,其易著的种类与数量也蔚为大观。

本章主要是对山崎闇斋易学的研究。首先,笔者将就崎门易学源流的整体情况作一介绍;在此基础上,以《朱易衍义》为中心,详细探讨山崎闇斋易学思想的内容及特质。朱子学派的易学有一个共同点,即大都是围绕程朱易学、尤其是朱子易学而展开。这不仅表现在对于朱易版本、内容的重视上,更重要的在于他们认识到:朱子易学实际上是以理气之说重新解释了《易经》中原本所讲的天人合一之道。朱子通过理本论对易学本体论的重新诠释②,强化了其所说之"理"的自然性与普遍性。因此,在一个不同的历史文明中,如何诠解、涵化这一传自"异邦"的自然普遍之理,便构成了日本朱子学派易学展开时最根源的问题之一。本章的后半部分,就是从山崎闇斋对易学与"本邦固有之神道"关系的理解出发,展现他对于这一问题的思考与解决。

---

① 详见吴伟明:《易学对德川日本的影响》,香港:香港中文大学出版社,2009 年,第 27 页。此外,据《日本古典籍总合目录》,林罗山的易著还包括《易钞》《周易抄》《周易传义奥书》《神易合勘》等。

② 相关方面的研究,可参看朱伯崑:《易学哲学史》,北京:华夏出版社,1995 年,第 437 页中有关朱子易学哲学理本论的分析。

一 崎门学派的易学传授源流

1. 山崎闇斋的生平与易著①

山崎闇斋(1618—1682),名嘉,字敬义,小字嘉右卫门。闇斋是其号,又号垂加,平安人。

闇斋一生为学凡两变。幼时因他的个性桀骜难制,其父将之送入妙心寺为僧,称绝藏主。闇斋天资极为聪颖,据《年谱》:"就寺主借《中峰广录》。……一月而还之。寺主试举首卷问:记几段?先生背诵尽卷,不爽一字,且疑难处详说其义,至次卷亦如此,寺主惊服。又,读《五灯会元》,三日而卒业云。"②后与土佐藩儒野中兼山、小仓三省相交,受此二人诱掖,闇斋二十五岁时遂逃佛归儒。三十岁时,闇斋著《辟异》,记述其早年经历时说:

> 吾幼年读《四书》,成童为佛徒,二十二三本于空谷之书,作三教一致之胡论。二十五读朱子之书,觉佛学之非道,则逃焉归于儒矣。③

---

① 关于山崎闇斋的生平,山田思连叔著有《闇斋先生年谱》(收于《新编山崎闇斋全集》第四卷,日本古典学会编,东京:ぺりかん社,1978年,第383页)。此外,还可看《先哲丛谈》。今人的研究,可参考近藤启吾在《神道大系·论说编·垂加神道》(东京:精兴社,1984年)的《解题》中对闇斋生平的研究。

② 山田思连叔:《闇斋先生年谱》,收于《新编山崎闇斋全集》第四卷,日本古典学会编,东京:ぺりかん社,1978年,第387—388页。

③ 山崎闇斋:《辟异》,收于《新编山崎闇斋全集》第三卷,日本古典学会编,东京:ぺりかん社,1978年,第450页。

闇斋学问的第二次转变在晚年。四十八岁时,他在会津藩从吉川惟足受卜部家神道(又称唯一神道);五十二岁时受伊势神道之传;又在五十四岁时,于惟足处与闻吉田神道之说,并于十一月接受"垂加"的灵社号。闇斋晚年的神道转向与其早年逃佛归儒不同。逃佛归儒时,他视佛教为异端。但在他最终所创立的垂加神道中却主张"神儒妙契""神儒习合"。儒学,更准确地讲,朱子学始终是他所尊崇的对象。《年谱》中:

> 语门人曰:我学宗朱子,所以尊孔子也。尊孔子以其与天地准也。《中庸》云,仲尼祖述尧舜,宪章文武。吾于孔子朱子亦窃比焉。而宗朱子,亦非苟尊信之,吾意朱子之学,居敬穷理,即祖述孔子而不差者。故学朱子而谬,与朱子同谬也,何遗憾之有。是吾所以信朱子亦述而不作也。①

尊信朱子,愿"与朱子同谬"是闇斋学问与思想的底色。表现在为学方法上,则其主张"述而不作"。因此,闇斋有关理学的著作大多是以抄引、编纂的形式出现。但这并不意味着闇斋是"盲信朱子言说之精神的奴隶""一点创意也没有"。② 恰恰相反,"述而不作"所体现的正是闇斋成就自我学问主体的方式。这不仅是对《论语》中孔子述作精神的真诚实践,而且只有首先尊信朱子,才能真正抵达朱子学的精义。如果我们细读闇斋所编著各类著书的话,他在编抄时的主题与体例、亲作的序跋、尤其在对抄引材料的去取以及间或出现的按语与小注,表明他所说的"不作"是不以私意妄作,"述而不作"实际上是"寓作于述"。

---

① 《年谱》,第410—411页。
② "盲信"之语是井上哲次郎的评价。"一点创意也没有"则是朱谦之先生的评语。详见朱谦之:《日本的朱子学》,北京:人民出版社,2000年,第294—295页。

延宝三年到六年间(1675—1678,从五十八岁到六十一岁)是闇斋易学著作编纂与出版最为集中的一段时期。值得玩味的是,这段时间也恰恰是他专念于神道研究的阶段。根据近藤启吾的整理①,闇斋在这段时间训点、编纂与出版易著的情况如下:

延宝三年三月《周易本义》加训刊行
延宝五年初夏《朱易衍义》编纂刊行
延宝五年孟夏《易学启蒙》改订刊行
延宝六年孟春《蓍卦考误》表章刊行

其中,对于《周易本义》的重新训点即通常所说的"山崎嘉点"。②闇斋刊行时所采用的是朱子《本义》原本经传分离的体例。据《年谱》:"先生于《周易》一用《本义》而不混程传,其所校正上下经二卷,《象传》《象传》《系辞传》各二卷,《说卦传》《文言传》《序卦传》《杂卦传》各一卷,凡十二卷,冠序例,皆复朱子之旧。"③《蓍卦考误》则是取朝鲜本《朱子大全》。《文会笔录》中闇斋曾说:"先生(朱子)著《蓍卦考误》,宜与《启蒙》并行焉。"④下自注:"《考误》策图差处,退溪正之,见朝鲜本《朱子大全》是也。"⑤从闇斋刊行易著的整体来看,无论是在刊行版本的选择上,还是其亲自所加的训点与编纂的《朱易衍义》,都清晰地指向同一个目标,即恢复朱子易学的本来面貌。这也是闇斋易学

---

① 近藤启吾:《易学と山崎闇斋》,《山崎闇斋の研究》,伊势:神道史学会,1986年,第287页。

② 有关嘉点与惺窝、罗山、鹅峰点间的比较、同异,可参考近藤启吾《易学と山崎闇斋》中的相关研究。

③ 《年谱》,第408页。

④ 山崎闇斋:《文会笔录》卷七,收于《新编山崎闇斋全集》第一卷,日本古典学会编,东京:ぺりかん社,1978年,第315页。

⑤ 同上。

最主要的宗旨。此外,闇斋有关易学的编抄还包括《文会笔录》①的第七卷以及《洪范全书》。

2. 崎门易学传授源流

明历元年(1655)春,闇斋开讲筵于京师。《年谱》中记叙其讲学内容:

> 其讲经先《小学》、次《近思录》、次《四书》、次《周易本义》及程传,至明年冬十二月而毕云。②

闇斋讲学,严格地遵循朱子学从"小学"到"大学"、从"四书"到"六经"的为学次第并以《近思录》作为理学入门之书。尤其是在经学的教授中,《周易》是除四书之外最重要的内容。"先生教弟子治经,专用力于正文朱注之间,而不注目于元明诸儒之末疏。"③《易经》的教习,同样首重《本义》朱注。对于程传的传习,也是基于其与《本义》有着密切的渊源与联系。

闇斋门下弟子众多,最为有名的是"崎门三杰"。"三杰"中,除佐藤直方(1650—1719)外,浅见䌹斋(1652—1711)与三宅尚斋(1662—1741)皆有大量易作传世。如浅见䌹斋名下就有《周易本义师说》《周易本义笔记》《易学启蒙师说》《朱易衍义讲义》等四十余种易作。"师说""讲义"等大多是䌹斋的讲稿④。三宅尚斋的易作则大多为笔记类,

---

① 《文会笔录》是闇斋编著中规模最大的一部,被称为崎门学的指南。闇斋易篑前犹在校订此书。稻叶默斋《读文会笔录》称:"此书似博杂而实则要约。读朱子成书者,不取指南于此,则不能究归趣、神会默识,左右逢源焉。"(《新编山崎闇斋全集》第五卷,第561页)
② 《年谱》,第393页。
③ 同上书,第416页。
④ 笔者所及,有《易学启蒙师说》《易师说》《浅见先生易师说》三种(小滨市立图书馆、酒井家文库藏)。

包括《易本义笔记》《易本义续笔记》《易本义续续笔记》《易学启蒙笔记》《易学启蒙续笔记》《易学启蒙续续笔记》以及《朱易衍义笔记》等近三十种。就笔者所及《易学启蒙》的三种笔记①以及《朱易衍义笔记》②的内容来看，尚斋的笔记是就两书中他认为值得关注的地方进一步加以注解、详说；间或以专题的方式讨论朱易中所涉及的一些关键问题。这些"笔记"实际上相当于他对《启蒙》与《衍义》在研习所作的札记。闇斋弟子中，除"三杰"外，还有谷秦山（1663—1718）著有《蓍卦考误说》。

崎门后学中，则有佐藤直方的弟子稻叶迂斋的《易经讲义》《易本义笔记》以及《朱易衍义讲义》、其子稻叶默斋的《周易本义讲义》等。浅见絅斋的弟子若林强斋亦有《易学启蒙讲义》《朱易衍义师说》等。崎门后学中，还有新井白蛾③以易占名噪一时，白蛾的易著有《易学类编》《古易断》等四十余种。他所提倡的通俗、简明的占法对江户中期的易学发展影响至深。其高足真势中洲亦有《医易口诀》《周易谚解》等多种易著传世。

从崎门易学传承的情况来看，大量《师说》《说》《讲义》类易作的存在证明了在闇斋门流的日常讲习中，《周易》占据了非常重要的地位。而从这些易作的题名与内容也可以看出，朱子所作《本义》《启蒙》以及闇斋编纂的《朱易衍义》是崎门学派讲习、研究易学的中心。可以说，自闇斋始以朱易为准绳的特点在崎门易学中一直得到了延续和传承。

---

① 关西大学图书馆、泊园文库藏。
② 三宅尚斋：《朱易衍义笔记》，《道学资讲》卷三零七，名古屋市蓬左文库藏本。
③ 新井白蛾（1715—1792），名祐登，字谦吉，白蛾是其号，又称古易馆，江户人。其父祐胜尝从絅斋先生学于京师。白蛾既承家学，又因父命，从学于尚斋门人菅野兼山。详见南一郎：《日本道学渊源录》，高松：日本印刷所，1938年，第240页。但从学问风格来说，白蛾与一般意义上的崎门学派不太一样。因此，《山崎闇斋と其门流》（传记学会著，东京：明治书房，1946年）中并未以之作为崎门后学。

二　山崎闇斋的易学思想

延宝五年(1677)春，闇斋完成了《朱易衍义》的编纂。初夏即付刊行。如前文所论，《朱易衍义》虽然是一部编抄之作，但从闇斋编抄时的主题与体例、亲作的序跋、对抄引材料的去取以及间或出现的按语与小注等，可以窥见闇斋自身的易学思想。这一点同样也适用于《文会笔录》卷七、《洪范大全》等其他闇斋编抄的作品。

有关《朱易衍义》编纂的缘由，闇斋在《序文》中说：

《易经大全》依古易而《启蒙》《本义》为之大注，择诸说之足发明经注者为之小注，以程传收于《性理大全》《通书》之次则可也。然乱经文，杂传义，使四圣之易混而不明矣。夫朱子之后，今易复行而古易遂亡者俑于天台董氏而成于《大全》者，实朱子之罪人也。嘉自壮年忧之，乃复朱易加倭训，令镂诸梓以广其传焉。学者苟能读此，则知易本卜筮之书，四圣之易各别而程易又别也，不甚难矣。但恐为《大全》所汨而不能反其本，于是乎为《朱易衍义》云。①

闇斋这里所说《易经大全》指的是明代胡广(1370—1418)等奉敕编纂的《周易大全》(又名《周易传义大全》)。永乐十二年(1414)，成祖朱棣命行在翰林学士胡广、侍讲杨荣、金幼孜等修《五经大全》《四书大全》。十三年九月书成，朱棣亲自作序，冠于书首，并命礼部刊行颁赐天下。《周易大全》是《五经大全》的第一种。闇斋所说"乱经文、杂

---

① 山崎闇斋：《朱易衍义》，收于《新编山崎闇斋全集》第三卷，日本古典学会编，东京：ペリかん社，1978年，第186页。

传义",是指《大全》中所采用的并非是朱子《本义》经传分离的十二卷本,而是从程颐《易传》本,并将朱子《本义》割裂散附于《易传》之下。《系辞》以下,因程颐《易传》不注,则从《本义》所定章次,总厘为二十四卷。《周易大全》主要取材于董楷《周易传义附录》、董真卿《周易会通》、胡一桂《周易本义附录纂疏》、胡炳文《周易本义通释》等书。闇斋所讲天台董氏指的就是南宋的董楷。早在董楷的《周易传义附录》中,就已将《本义》割裂散附于程传之后。胡广等《大全》实基础于此。因此,闇斋说"俑自天台董氏而成于《大全》"。在闇斋看来,自董楷《附录》起至《周易大全》对朱子易学原本面貌的汩没,"实朱子之罪人"。尤其《周易大全》,是"乱易之魁"。① 因而,闇斋编纂《朱易衍义》以及对朱子易著的集中训点与出版,针对的正是《周易大全》对朱易汩没、混淆的局面。闇斋弟子三宅尚斋在《朱易衍义笔记》中说:

  先生编此书,盖忧于《大全》者汩朱子旧本,合传义以暗昧大易之本旨而作也。故特以朱易命之。且其衍义二字,则取衍长朱子本义之意,此先生之微旨也。②

尚斋所说"微旨",表现于《朱易衍义》的体例与取材中则:

  此书第一卷载诸说以明古易今易之别,第二卷专取诸《朱子文集》中,附以诸说而发明《启蒙》所言;第三卷择乎《语类》,以泛说易道之要旨。

闇斋极力澄清《大全》对朱易的混淆实际上从侧面说明:在江户初期,日本儒者对于朱子易学的传习很大程度上依赖于《周易大全》。近

---

① 《朱易衍义》,第194页。
② 三宅尚斋:《朱易衍义笔记》,《道学资讲》卷三○七,名古屋市蓬左文库藏本,第1页。

藤启吾的研究①也表明：当时学者对于朱子学的研究多依据《四书大全》《五经大全》与《性理大全》这三种大全。而闇斋取材朱子文献的一个重要特点在于对《朱子语类》的直接利用。这在当时是一种完全崭新的态度。从《朱易衍义》中也可以看到，其中第二卷择取《文集》，第三卷便是取自《语类》。这也构成了闇斋易学编抄在取材上的一个特色。

1. 今易与古易

在闇斋的《序文》以及《朱易衍义》的第一卷中，"古易"与"今易"是区别朱易与《大全》的关键。以"古易""今易"对举，实际上源自《大全凡例》。闇斋《衍义》卷一抄引其原文说：

> 《周易》上下经二篇，孔子《十翼》十篇各自为卷。汉费直初以《彖》《象》释经附于其后。郑玄王弼宗之，又分附卦爻之下，增入乾坤《文言》，始加彖曰、象曰、文言曰以别于经，而《系辞》以后自如其旧，历代因之，是为今易。程子所为作传者是也。自嵩山晁说之考订古经，厘为八卷。东莱吕祖谦乃定为经二卷、传十卷，是为古易。朱子《本义》从之。然《程传》《本义》既已并行，而诸家定本又各不同。故今定从《程传》元本而《本义》仍以类从。凡经文皆平行书之，传义则低一字书以别之。其《系辞》以下，《程传》既阙，则一从《本义》所定章次，总厘为二十四卷云。②

《大全》中"今易"与"古易"的区别主要是在《周易》经传的版本上。"今易"主要是以"王弼本"为代表，即将《彖》《象》《文言》分缀于卦爻

---

① 详见近藤启吾：《解题》，《神道大系·论说编·垂加神道》，东京：精兴社，1984年，第9页。
② 《朱易衍义》，第188页。

辞下。程颐《易传》用的便是此本。后晁说之、吕祖谦等人不满于此而编定"古易",意在恢复汉初之前经、传分离的本来面目。朱子《本义》所采用的即是吕祖谦的《古周易》,以上下经为两卷,《十翼》为十卷,总十二卷。闇斋也是依此来区分"古易"与"今易"。所不同的是在对待"古易"与"今易"的态度上。《大全》以"程传本义既已并行,而诸家定本又各不同"为由采用"今易",而闇斋则一依朱子而尊"古易"。《大全凡例》的引文下闇斋自注说:

嘉谓,伏羲之易,易道之大全也。三圣之易各观其会通,以行其典礼者也。此《凡例》使经文分裂、传义混杂,易道之骤乱至此而极矣。岂谓之大全哉,故举而辨之。①

闇斋看来,《大全》沿用"今易"所造成的后果有两点:一是使经文分裂;二是使传义混杂。这两点笔者在对《序文》"乱经文,杂传义"一句的解释中已作说明。实际上在《序文》的开头,闇斋就已针对这两点对《大全》提出了修改意见:一则遵循古易,做到经传分离;另则以朱子《本义》《启蒙》作大注,择足以发明经义者作小注,将程颐《易传》另收入《性理大全》中,以区分传义。

但在闇斋看来,上述两点还只是"今易"的"小失",更为严重的是,这种由于版本与内容编排的所造成的分裂与混杂对朱子易学思想的遮蔽。他说:

其大过则以孔子义理之说揽文王、周公之象占,而卜筮教人之意荒者此也。②

---

① 《朱易衍义》,第188页。
② 同上书,第192页小注处。

有关《周易》的作者,《周易本义》中,朱子主张四圣作易之说,认为伏羲画八卦并重演六十四卦,周文王作卦辞,周公作爻辞,孔子作传。但关于重演六十四卦,朱子的说法不一,有时认为出于文王,有时认为文王前已有,有时又说已不可考。但肯定卦辞为文王所作。① 闇斋也注意到了朱子关于文王重卦说的不一致。因此《文会笔录》在引朱子《与叶彦忠书》后指出:"嘉谓文王画为六十四及注文十字皆未定之说也。"②根据四圣作易(朱子有时也会省却周公说"三圣"),朱子将《周易》经传区分出了三个不同的层次,即伏羲易、文王周公易与孔子易:

> 《易》之为书,更历三圣而制作不同。若庖栖氏之象,文王之辞,皆依卜筮以为教,而其法则异。至于孔子之赞,则又一以义理为教而不专于卜筮也。是岂其故相反哉! 俗之淳漓既异,故其所以为教为法者不得不异,而道则未尝不同的。③

在朱子看来,伏羲画卦、文王周公作卦爻辞都是为了卜筮,解说义理是自孔子《十翼》之后才开始。因而,《本义》分离经传,不是简单的追慕古易,而是只有在经传分离的基础上,才能清晰把握《周易》内部的不同层次与结构,才能体认出伏羲易、文王周公易与孔子易间的不同。朱子同时又强调:三圣或四圣作易虽由于各时代社会风俗的差异而有不同,但其"道"相同。这里的"道",是指依卜筮断吉凶而教化群伦。

闇斋从版本入手对朱易的澄清,实在于他敏锐地察觉到朱易版本

---

① 有关朱子四圣作易说的研究,见朱伯崑:《易学哲学史》,北京:华夏出版社,1996年,第418页。

② 《文会笔录》,第321页。

③ 朱熹:《文集·书伊川先生易传板本后》,收于《朱子全书》第24册,朱杰人等主编上海:上海古籍出版社;合肥:安徽教育出版社,2002年,第3842页。

与其易学思想间手足一体之联系。在闇斋看来,只有首先在版本上恢复古易、分别传义,才能真正理解朱子易学思想中的"四圣作易"说,进而才能真正把握朱子易学最为核心的宗旨:"《易》本卜筮之书"。

2.《易》本卜筮之书

"《易》本卜筮之书"是朱子易学最重要的宗旨。闇斋在《朱易衍义》卷一中引明代丘浚(14218—1495)说:

> 丘琼山曰:《易》之为《易》有理有数。言理者宗程颐,言数者宗邵雍。至朱子作《本义》《启蒙》始兼二家说。先儒谓程学言理,而理者人心之所同。今读其传,犁然即与心合。邵学言数,数者康节之所独。今得其图,若何而可推验明其理者,虽不知数,自能避凶而从吉。学数者倘不明理,必至舍人而言天。穷理而精,则可以修己治人。言数不精且将流于技术,易虽告以卜筮而未闻以推步。汉世纳甲飞伏卦气凡推步之术,无不依易为说而易实无之。今邵学无传,不若以理言易,则日用常行无往非易矣。①

丘浚此说的特点在于以理、数分别程、邵。虽然讲朱子"兼二家说",但从丘浚的立场来说,仍然是宗程传言理,认为学易虽不知数,但仍可依理避凶从吉。对此,闇斋注曰:"嘉谓此说可谓正矣,但未达于朱易而言者。予见其所著诸书及《琼台集》,其学正而考其博矣。然精义入神则恐未也。又谓学的所取易说,分别程传朱义者,然其自言重于程易者如此,而未见信朱易之说,故予谓未达者矣。"②接着,闇斋同注又引朝鲜李退溪之说并评价道:

---

① 《朱易衍义》,第191页。
② 同上。

《李退溪文集·答郑子中书》曰：康节之术，二程不贵，非独指推筭知来之术，只数学亦不以为贵。盖有理便有气，有气便有数。理不能遗气以独行，亦何遗却数耶？来喻所谓数岂理外事者正是如此。但主于理则包数在其中，其或有包不得处，不计利害，而事皆得正。主于数则其常者固亦理在，其中其变者则鲜合于理。而虽避害趋利贼伦灭义之事皆不惮为之。此二程所以不贵其术也。然此特因其术而虑夫末流之弊必至此耳，非谓康节为然也。至于河图洛书，乃理数之原，圣人于系辞既明之，其不可舍此而学易明矣。而二程于康节并此而不与之讲明，此则不可晓。岂此等事发明于天地间亦有待而然故？康节才能独得而至，朱子然后而大阐发，使人人皆得而与闻之耶。然则学者欲学尧夫主数而能该理固能矣，如晦庵主理而兼明数，又安可不务哉。嘉谓此格论也，因附于此。①

退溪说中值得注意的有两处：一是他从理、气、数的层面来解释何以程易不贵邵雍之数、但朱易又为何不能脱离象数。程颐曾说："有理而后有象""有象而后数"，"得其理，则象数在其中"，即退溪所言"主于理则包数在其中"②。尽管有"包不得处"，但因为是主于理而行，因而也可以"事皆得正"。但退溪以朱子"有理便有气，有气便有数"③之说指出：不能脱离数来言理恰恰是基于理气不能相离，"理不能遗气以独行，亦何遗却数耶？"二是在朱易传承上退溪强调朱子对邵雍数学的继承，并指明了邵、朱间的差异，即尧夫主数而该理，晦庵主理而兼明数。

---

① 《朱易衍义》，第191页。
② 以上诸语皆见于程颐、程颢：《二程集》，北京：中华书局，2004年，第689页。
③ 朱熹：《朱子语类》，北京：中华书局，1986年，卷65，第1609页。《语类》原文："有是理，便有是气，有是气，便有是数。"

闇斋此处对丘浚、李退溪二人一者"未达"、一者"格论（至论之意）"的评语实际已表明他对退溪之说的赞同。在《朱易衍义》的第二、第三卷中，闇斋引朱子《文集》《语类》及朱子后学诸家说，从另一个角度阐发了朱子在《启蒙》中所探讨的河图洛书以及继承自邵雍的先天易说等象数内容。其用意同样是为了表明不管从理气关系出发，还是从易学解释本身的特点出发，对于朱易的研究都绝不能脱离象数；朱子所说的"理"与其象数紧密相关。在这两卷闇斋的注语中，最有特点的是他根据朱易所抉发的"精蕴"说。这是闇斋有关朱子易学最深刻的洞见。通过对"精""蕴"的阐发，闇斋不仅解决了朱子"《易》本卜筮书"说所面临的挑战，为重新理解此说提供了一条最重要的线索，而且对邵、朱易学的传承关系也作了进一步说明。

3."精蕴"说

《朱易衍义》卷二中，闇斋抄引张栻（1133—1180，字敬夫，号南轩）《答朱元晦书》：

> 《易》说未免有疑。盖《易》有圣人之道四，恐非为卜筮专为此书。当此爻象，如此处之则吉，如此处之则凶。圣人所以示后世。若筮得之者，固当如此处，盖其理不可违而卜筮固在其中矣。①

南轩所言"易有圣人之道四"语出《系辞》："《易》有圣人之道四焉：以言者尚其辞，以动者尚其变，以制器者尚其象，以卜筮者尚其占。"南轩看来，《系辞》原文已讲明卜筮只是"四道"之一。这显然是从孔子易出发对朱子"《易》本卜筮书"说提出的挑战。"盖其理不可违而卜筮固在其中"表明南轩的看法与丘浚相同，都是赞同程易、从义理出发，认为吉凶根本于理。在这里，闇斋并没有引朱子回信，而是直接在注文中表

---

① 《朱易衍义》，第204页。

明了自己的看法:

> 嘉谓,《易》有四道,言其蕴矣,非精意也。南轩盖不审《通书》精蕴之意耳。①

闇斋所讲"《通书》精蕴之意"指的是周敦颐在《通书·精蕴第三十》中所言:

> 圣人之精,画卦以示;圣人之蕴,因卦以发。卦不画,圣人之精不可得而见;微卦,圣人之蕴殆不可悉得而闻。②

朱子在《通书解》中解释说:

> 精者,精微之意。画前之易,至约之理也。伏羲画卦,专以明此而已。蕴,谓凡卦中之所有,如吉凶消长之理、进退存亡之道,至广之业也。有卦则因以形矣。③

《朱易衍义》卷三,闇斋又引朱子《语类》中说:

> 《通书》言圣人之精,画卦以示;圣人之蕴,因卦以发。精是圣人本意。蕴是偏旁带来道理。④

根据朱子的解释,"精"是指伏羲画卦之前、作易的本意;而"蕴"则

---

① 《朱易衍义》,第 204 页。
② 朱熹:《通书解》,《朱子全书》第十三册,第 123 页。
③ 同上。
④ 《朱易衍义》,第 231 页。

是有卦以后,据卦引申演绎出来的道理。"易有圣人之道四"在闇斋看来,所讲的是圣人之"蕴",而非圣人之"精"。有关圣人之"精",闇斋在《文会笔录》卷七有关《系辞》部分说:"第十一章此圣人作易之精意也。"①《系辞》第十一章是讲圣人作《易》的原由:

> 子曰:夫《易》何为者也?夫《易》开物成务,冒天下之道,如斯而已者也。是故圣人以通天下之志,以定天下之业,以断天下之疑。

《朱易衍义》中,闇斋曾注说:

> 嘉谓,开物成务,此易之精也。故《本义》于乾卦以此言之。②

又《周易本义》乾卦朱注说:

> 此圣人所以作《易》教人卜筮,而可以开物成务之精义。余卦仿此。③

《系辞》中朱子进一步解释"开物成务"说:

> 开物成务,谓使人卜筮以知吉凶而成事业。④

因此,圣人之"精"指的是圣人作《易》使人能够利用卜筮知吉凶而成事

---

① 《文会笔录》,第337页。
② 《朱易衍义》,第220页。
③ 朱熹:《周易本义》,廖明春点校,北京:中华书局,2009年,第30页。
④ 同上书,第239页。

业。闇斋对朱子"精蕴"说的抉发不仅以圣人之"蕴"解决了南轩从《系辞》传内部所提出的挑战,而且以圣人之"精"重新勾连了孔子易与伏羲易、文王周公易的整体,从而指明朱子的"《易》本卜筮书"是就四圣作《易》的本意(圣人之"精")而言,突出了其中的"本"字。

在闇斋看来,朱易中对于象数的重视,就是从圣人之"精"即作易的本意出发的结果,而以义理解《易》实际上阐发的是圣人之"蕴"。因此,他说:"邵说易之精,程说易之蕴。"①"朱易宗邵子。"②这就又从圣人之"精"的角度肯定了邵、朱间易学的传承关系。

最后,还可以看到:"精蕴"说的提出,不仅妥善安置了朱子易学中象数与义理间的关系,而且构成了理解朱子易学解释原则的重要线索。这意味着对《易经》经文的解释,首先要从象数着眼,但同时又不排斥义理的发挥。例如,在对《系辞》"易,无思也,无为也,寂然不动,感而遂通"一句的解释中,朱子说:

> 易,指著卦,无思无为,言其无心也。寂然者,感之体;感通者,寂之用。人心之妙,其动静亦如此。

在朱子的解释中,"寂然不动,感而遂通"不仅是指卜筮前后的状态,同样还可以理解为人心理活动时的不同阶段或状态。这就将原本解释著卦的经文同时作为了其心性哲学展开的根据。

4.《洪范全书》

宽文七年,五十岁的闇斋在病间完成《洪范全书》的编纂。《洪范全书》是对蔡元定(1135—1198)次子蔡沉《洪范皇极内篇》的重新整

---

① 《朱易衍义》,第229页。
② 《文会笔录》,第350页。

理、注释①与出版。这也是闇斋较早的一部有关易学的编著。蔡沉(1167—1230),字仲默,号九峰。他所著《洪范皇极内篇》是继承其父的象数之学。《宋史·儒林传》说:"《洪范》之数,学者久失其传,元定独心得之,然未著,曰:成吾书者沉也。沉受父师之托,沉潜反复者数十年,然后明书,发明先儒之所未及。"②《洪范皇极内篇》后收入《性理大全》③,闇斋的编纂主要便是对《性理大全》本的增补与修订。《洪范全书序》中,闇斋说:

> 遂因《性理大全》所乘以加质正,定为上中下三卷而冠洛书于《洪范》以为首卷,取《周易全书》所载以为末卷,且以嘉所考述录于其后,凡六卷,题曰《洪范全书》矣。④

与《性理大全》本相较,闇斋的《全书》本主要有以下几点不同:第一,增入了首卷洛书与《尚书·洪范》篇,其中,《洪范》篇传取自蔡沉《书集传》;第二,增入了末卷《洛书象数图》等相关内容。据《序》,这些内容取自《周易大全》;第三,末卷后还有《后录》一卷,主要是闇斋对与洛书、洪范相关图说的考述。以上所讲三卷的内容都是闇斋在《性理大全》本的基础上新添入的内容;第四,取自《性理大全》本的部分,闇斋也对其内容的次序进行了重新的调整:(1)将原先处于卷尾部分的五行七图移前,同洛书、九九圆数图等五图一道作为《洪范皇极内篇的卷之上》;(2)将数八十一章的内容提前作为《卷之中》;(3)将原先

---

① 《洪范全书》(《新编山崎闇斋全集》第三卷)中的注有两类,一类是直接在正文下双行小字的注文,闇斋曾指出这是蔡沉的自注(见《洪范全书》第 305 页),与《性理大全》本同;另一类则是在注前有"补注"二字,补注的内容《性理大全》本无,是否为闇斋所补尚存疑。但补注中"嘉谓"后的内容可确定是闇斋所作。
② 脱脱等撰:《宋史》第 37 册,北京:中华书局,1977 年,第 12876 页。
③ 王云五:《四库全书珍本》,台北:台湾商务印书馆,1974 年,第二十四、二十五卷。
④ 《洪范全书》,第 236 页。

处于卷首的论三篇挪后作为《卷之下》。(2)(3)部分次序的调整闇斋在补注中说:"此三篇(笔者注:指论三篇)犹《易》《系辞》上下传及《说卦》之意也。嘉谓此本在八十一章前误矣。"①"此本"指的就是《性理大全》本。从补注中对论三篇犹如易传的判定,可推知闇斋将数八十一章的内容提前实际上是将之拟作《易》经的六十四卦,而将论三篇挪后则是将之拟作易传。

严格地来讲,《易》中八卦原自河图,与洛书无关。但朱子在《启蒙》中引蔡元定之说对河图、洛书"理一"的强调实际使得洛书被纳入到了其对易学的解释中。这也构成朱子学派易学解释的一个重要特征。蔡沉作《洪范皇极内篇》的目的是为了澄清"象数之原",尤其是"数"之原,在他看来:伏羲则河图作《易》言象,大禹则洛书叙《洪范》言数,象之原在河图,数之原在洛书。然而,《易》所讲的象历经四圣而明,但《洪范》中的数却尘昧失传。《洪范皇极篇》就是为了恢复失传的洛书之数。由此,他提出了象偶数奇、象静数动等说。② 与蔡沉区分象、数不同的是,闇斋编纂《洪范大全》更为强调《易》之象与《范》之数内在的一致性。在他看来,蔡沉所言洛书之数恰是对朱易象数内容的重要发展与补充。他说:

> 河出图,洛出书,伏羲则河图作易,大禹则书叙范。伏羲之易,更三圣而其说备矣。大禹之范,其数不传焉。朱子探图书之原,别四圣之易,然后易道明于天下。当时门人于此独蔡西山耳。西山之子九峰受师父之托,以著《皇极内篇》矣。窃玩索之,范数之相对而为十也,犹易卦之相对而为奇偶齐也。其行图犹横图也,左旋一周则为圆图也,九截重之责以为方图也。其八十一章犹六十四卦,六千五百六十一而数之周犹四千九十六而象之备也。其卜筮之

---

① 《洪范全书》,第299页。
② 有关蔡沉易学思想的研究,可参考朱伯崑:《易学哲学史》,第381页。

法,易以四揲之,三变成象。范以三揲之,两揲成数。象数奇偶相因为用者然也。其十二木以四约之为一者三,则亦奇偶相因也。虚其一则亦太极也。用其二则亦两仪也,然而占之之易同乎灼龟之不费手也。呜呼,若九峰则穷神知化,继志述事者,真西山称与三圣易同功,岂不信哉。①

"与三圣易同功"一句表明,闇斋对蔡沉贡献的评价仍是从易学出发。三圣作易的本意都是以之教民卜筮,而蔡沉"继志述事",对洛数的探明无疑为讲明卜筮所依据象数中的"数"作出了巨大贡献。正是从这个角度出发,闇斋才感叹"岂不信哉"。

在蔡沉对洛数的考究中,需关注的是他关于数与理之间关系的看法。蔡沉说:

> 理之所始,数之所起。微乎微乎,其小无形。昭乎昭乎,其大无垠。微者昭之原,小者大之根,有先有后,孰离孰分。成性存存,道义之门。②

其下闇斋注说:

> 嘉谓理者数之根原,故曰有先有后。而本合一,故曰孰离孰分。③

从闇斋注语的特点来说,这段小注实际上表明了他对蔡沉所言理数关系的认可,即一方面强调理的根源性地位,因此理数有先后;另一方面

---

① 《洪范全书序》,第236页。
② 《洪范全书》,第299页。
③ 同上。

则强调其本合一，因此理数不容分离。

在理的根源性地位上，蔡沉与闇斋继承了朱子的看法。但在有关数的方面，二者与朱子却有所不同。在朱子看来："有是理，便有是气，有是气，便有是数，数乃是分界处"①，"有气有形便有数"，②"气便是数"③。因此，数是在"气"这一层面的存在，数是气的分寸与节度。换句话说，数是气的一种抽象的形式化表现。朱子在《启蒙》中对河洛的探讨，是为了讲明象数的来源，目的是以此来解释筮法；而且《启蒙》中讲象数时，并不区分象与数。对于朱子来说，讲明象数不仅是探求圣人作易之"精"的必须，同时在探求圣人之"蕴"时也是能够由气及理、"说理不走作"④的保证；但对蔡沉来说，数显然不仅仅是一种穷理的媒介，在他看来，理与数从根本上就是统一的，因此他提出不仅有"气之数"，更有"理之数"⑤，认为"数者尽天下之理"⑥，进一步将数看作是天地万物形成和变化的内在法则。⑦

闇斋对蔡沉理数合一观的认同最为集中地体现在了他对洛书数五的解释中，他说：

> 嘉谓五中一点贯乎纵横，纵亦三，横亦三，此三才一贯所以为中数也。《范》曰五曰皇极则大学之至善是也。数曰五之五中则中庸之中和是也。君子无所不用其极，致中和，天地位焉，万物育焉。至矣哉，大矣哉。⑧

---

① 黎靖德编：《朱子语类》，北京：中华书局，1986 年，第 67 卷，第 1662 页。
② 同上书，第 65 卷，第 1610 页。
③ 同上书，第 65 卷，第 1609 页。
④ 《朱易衍义》，第 202 页引《答郑子上书》。
⑤ 《洪范全书》，第 300 页有"人知气之数，而不知理之数。知理之数则几矣"。
⑥ 同上书，第 310 页。
⑦ 参见朱伯崑《易学哲学史》第 401—405 页相关部分的分析。
⑧ 《洪范全书》，第 341 页。

在闇斋看来,洛书中数五在数阵中的位置及其所表现出来的数理上的特点直接与政治中的"皇极"、道德上的至善、中和相一致。这不仅是将政治、道德之理与自然之数理相贯通,更由此显现出了闇斋在对朱子"述而不作"时与朱子思想间的一丝差异。需要说明的是,闇斋对于数理合一的认识不仅用来强调与政治、道德之理的合一,还运用在了对神道思想的解释中。有关这点,下文还将作进一步说明。

三 易学与神道

江户时代初期,以理学、易学与神道说相融合者不乏其人。《易》中所讲"神也者,妙万物而言者也""阴阳不测之谓神""圣人以神道设教"①等无疑也为神道援引其说提供了经典上的依据。以神道与理学、易学相融合的学者中既有神道家,如伊势神道的度会延佳(1615—1690)、吉川神道的吉川惟足②(1616—1694)等;也有儒学各派的学者,如朱子学派的林罗山、阳明学派的中江藤树(1608—1648)等。其中,伊势神道与吉川神道是闇斋受授神道时最重要的两个来源。闇斋的号"垂加"就是接受自吉川惟足,但其意却出自伊势神道《倭姬命世记》《宝基本纪》等经典中"神垂以祈祷为先,冥加以正直为本"③。闇斋所创立的垂加神道同样也以习合理学、易学之说而闻名。

---

① "神也者"一句出自《说卦传》,"阴阳不测"一句出自《系辞传》,"圣人"一句出自《观》卦《彖》传。

② 吉川神道实际上原自吉田神道。当时吉田神道的主持者是荻原兼从,吉川惟足是他的入室弟子。兼从晚年,吉田家适合继承神道者相继亡故,能够继承家业的吉田兼连年仅五岁。兼从担忧自己殁后道统断绝,因此以等待兼连长大后,吉田神道道统归还兼连为条件,将吉田神道道统传授给吉川惟足。

③ 《年谱》,第405页。

闇斋常言:"《易》是唐之《神代卷》,《神代卷》是我国之《易》。"①这里的"唐"是江户时代对中国的习惯性称法。《神代卷》则出自《日本书纪》与《古事记》。纪记中,"神代"指的是神的世代,其中记录了自开天辟地起诸神生成的谱系以及日本作为神国的历史。纪记中分为"神之代"与"君之代",众神中的天照大神是皇祖神,天皇是天照大神的血系后裔。因而,纪记中所描述的实际上是一种日本本土独特的籍由神话来表达的"神学—政治"论。有关神代的研究因此也成为神道研究的中心。

对于闇斋来说,虽然他崇信朱子,并深刻地认识到朱子通过理本论对易学本体论的改造、肯定其所说之"理"的普遍性;但这种普遍性却始终无法摆脱传自异邦这样一个事实。身为日本人的自觉促使闇斋必须投入到对于"本邦"②固有之神道的重新诠释与发扬中。然而,闇斋的神道转向却又并非是对理的普遍性的质疑与否定,毋宁说是尊崇的态度下,试图在理的普遍性与日本固有精神主体之间构建出一种平衡。因而,闇斋对于《神代卷》与《易》间一致关系的强调并非是简单的比附,他对普遍之理与本邦神道间平衡的探索正体现在对这两者一致性构建的努力中。

1. 宇宙唯一理

《易学启蒙》中,朱子引蔡元定"理一"之说:

……其实天地之理一而已矣,虽有古今先后之不同,而其理则不容于有二也。故伏羲但据河图以作易,则不必预见洛书,而已逆与之合矣。大禹但据洛书以作范,则亦不必追考河图,而已暗与之

---

① 近藤启吾:《易学と山崎闇斎》,收于《山崎闇斎の研究》,伊势:神道史学会,1986年,第288页。

② 对于"本邦""我邦"的强调常见于闇斋的行文用语中,下引材料中亦有"我倭"之称。

符矣。其所以然者何哉？诚以此理之外无复他理故也。①

前文曾指出朱子运用"理一"之说将洛书纳入到其易学的解释系统中。这里需进一步说明的是，江户时代的儒者，尤其是朱子学者，不仅大多在易学上全盘接受了《启蒙》此说，而且还将"理一"运用在了对儒学与神道关系的理解中。例如林罗山在回答弟子儒学与神道如何区别的问题时就说："自我观之理一而已矣。"②与罗山回答相似，闇斋提出了"宇宙唯一理"。他说：

> 我倭开国之古伊奘诺尊伊奘册尊奉天神卜合之教，顺阴阳之理，正彝伦之始，盖宇宙唯一理，则神圣之生虽日出处日没处之异，然其道自有妙契者存焉。是我人所当敬以致思也。③

《启蒙》中的"理一"是为了说明河图与洛书"虽有古今先后"时间上的差异，但其内在的理是一致的。而闇斋的"宇宙唯一理"说则不仅消除了时间（"宙"）上的差异，也整合了由于空间（"宇"）所带来的不同。因此，神道虽属"我倭"，"神"与"圣"虽有日出处、日没处（607年，圣德太子致隋炀帝国书有"日出处天子致日没处天子"之说）之异，但由于其理在根本上的一致，因此神道与圣人之道自有"妙契"之处。这就一方面通过"理一"（或"一理"）赋予了神道与圣人之道以同等的普遍性，另一方面则在这种普遍性的基础上使得神道作为日本之道的独立地位呈现出来。

但在林罗山看来，儒学与神道虽然"理一"，却并不意味着二者是对等的关系。他曾说："呜呼，王道一变至于神道，神道一变至于道。

---

① 朱熹:《易学启蒙》,《朱子全书》第一册,第258—259页。
② 林罗山:《林罗山文集》卷66,东京:ペりかん社,1979年,第804页。
③ 《洪范全书》,第236页。

道吾所谓儒道也。"①这一说法实际上是模仿自《论语》"齐一变而至于鲁,鲁一变而至于道。"罗山认为:儒道与神道间虽然"理一",但有着阶次上的不同。可以说,神道是最终抵达儒道的一个环节。因此,罗山讲:"儒道之中兼有神道"。②

与罗山不同的是,闇斋主张神道与儒道间的"习合"之说。③《神代卷风叶集》中,他曾批评吉田神道(又名唯一神道)代表人物吉田兼具在《名法要集》对"唯一神道"中"唯一"的理解:

《名法要集》曰:不可要异邦之教法。事唯一者,神明之直传,一气开辟之一法也。大织冠仰云:吾唯一神道者,以天地为书籍,以日月为证明,是则纯一无杂之密意也。故不可要儒释道之三教者也。问唯有一法而无二法者,其谓如何?答:吾神道者,一阴一阳不测之元国常立尊以降至。天照大神玄玄妙妙之相承也。天照大神授赐天儿屋命,自尔以来至浊世末代之今日,汲一气之元水遂不尝三教之一滴,故云唯有一法者乎。④

---

① 《林罗山文集》卷66,第804页。

② 林罗山:《神道传授》,收于《近世神道论·前期国学》(日本思想大系39),平重道、阿部秋生校注,东京:岩波书店,1972年,第42页。

③ 有关闇斋是否主张神儒习合在闇斋研究中实际上存在着争议。例如高岛元洋在《山崎闇斋——日本朱子学と垂加神道》(东京:ぺりかん社,1992年)一书中曾利用垂加神道传授《誓文》"异国道、习合附会仕间敷事"一语表明闇斋禁止将神道与儒教"习合附会"(第475页)。但也正如他在其后所不得不承认的那样,闇斋对于理学的理解在其神道思想形成的过程中起着重要作用。阿部秋生在《山崎闇斋の神道思想》(收于《近世神道论》,东京:岩波书店,1972年,第541页)中则主张闇斋是"神儒兼学"之道。他认为,一方面要认识到闇斋排斥神儒混同;另一方面则要看到闇斋对神儒之道在根本上一致的信心。笔者较为认同阿部秋生的观点,对于闇斋是否主张神儒习合也要从这两方面入手来考察与理解。此外,王维先《日本垂加神道哲学思想研究》(济南:山东人民出版社,2004年)中也主张闇斋神儒习合。

④ 山崎闇斋:《风叶集》首卷,《新编山崎闇斋全集》第五卷,第19页。

在吉田兼具的唯一神道中，"唯一"是指"神明之直传，一气开辟之一法"，是以"天地为书籍，日月为证明"，因而讲究"纯一无杂"。所以在对待儒释道三教的态度上，兼具要求不可采用"异邦之教法"。可见兼具的唯一神道具有很强的原教旨主义。但从《名法要集》的实际情况来看，虽然兼具说"汲一气之元水遂不尝三教之一滴"，但其行文中却随处浸染着三教的说法。因而，闇斋对兼具的"唯一"作了重新的解释，他说：

> 翁谓：道贯天人是谓唯一矣。谓不混儒佛为唯一者，甚非也。杂以外国之说是为习合，非谓混儒佛说也。①

在闇斋看来，"唯一"所强调的是天人一贯之理，并非是指对儒佛说的排斥。这就在坚持神道主体的立场上，避免了原教旨主义所带来的狭隘与封闭。后句"非谓混儒佛说"也是针对于此。前述闇斋生平中已讲明他二十五岁时逃佛归儒并视佛教为"异端"的经历，因此，闇斋反对神佛习合，他所讲的"习合"外国之说主要是指以神道为主来习合儒学、尤其是理学之说。

闇斋"习合"的主张在其编著中则体现为：除《洪范全书》中讲神道与理妙契外，闇斋其他的有关理学的编著中绝少提及神道之说。但在闇斋的神道作品中，却常用理学之说来诠释神道。例如，有关神道中"神"的理解，闇斋在《会津神社志序》中便说："盖天地之间唯理与气，而神也者，理之乘气而出入者。"②将神看作是理的发用，乘气而出入。

---

① 《风叶集》首卷，第18页。
② 山崎闇斋：《会津神社志序》，《新编山崎闇斋全集》第一卷，第79页。

这就用朱子的理气说①解释了神道中的"神"。由此可见,闇斋的"习合"思想实际包含了两部分:一是强调神道与理学之说不相混淆;二是又从根本上强调二者理一、妙契,进而以神道为主体来吸纳理学。

闇斋神道对理学易学的习合最为引人注目的有两点:一是他在解释神代过程时融合以《太极图说》中天地万物生成的顺序;二则是用洛书数五来讲天神第一代的天御中主尊。

2.《太极图说》与神代说

《风水草》中,闇斋在描述神代过程时说:

> 我神之奉对有四品焉。造化之神、气化之神、身化之神、心化之神。奉拜此四神,然后可以语我神道矣。今奉举而申之。神代卷,天神七代、地神五代。国常立尊者,即天御中主尊同体异名,天地全体之神,无形而八百万神、大中臣、百姓万民,皆此尊之神化也。国狭槌尊者,水神也。丰斟渟尊者,火神也。泥土煮尊、沙土煮尊者,木神也。大户之道尊、大苫边尊者,金神也。面足尊、惶根尊者,土神也。伊奘诺尊、伊奘册尊者,阴阳之神也。……水火之神各奉一尊号,分阴阳之由也。木金土神各奉二尊号,分阳中阴、阴中阳之由也。六代者造化之神也。第七代伊奘诺尊、伊奘册尊者,兼造化、气化之神也。造化者无形也,气化者有形也。地神五代者,身化之神有形也。以伊奘诺尊、伊奘册尊交语造化、人事以开示天人唯一之道。卜部所谓未生之伊奘诺、伊奘册尊(天坐之阴阳),已生之伊奘诺、伊奘册尊(地坐之阴阳),此之由也。伊奘诺尊、伊奘册尊共议曰:吾已生八洲国及山川草木(以人事语造

---

① 山崎闇斋:《文会笔录三》,《新编山崎闇斋全集》第一卷,第167页中引朱子之说:"杜仁仲问五行之神。曰:谓神即是理,却恐未然,更宜思之。又曰:神是理之发用,而乘气以出入者。故易曰:神也者,妙万物而言者也。"

化),何不生天下之主者与?于是共生日神、次生月读、次生蛭儿、次生素笈鸣尊。此二尊之身化也。(以语日月土金)手持镜化生之日神、月读尊、回首顾盼之间化神之素笈鸣尊、洗眼生之日神、月读尊、洗鼻生神之素戈鸣尊、此皆伊奘诺尊之心化也。此外,二尊或一尊化生之子,有造化之神,有心化之神,皆无形之神也。高皇产灵尊、神皇产灵尊,天坐者,造化之神也。地坐者,气化之神也。此我神国四品之秘传、异邦之所不曾闻也。①

在闇斋对神代的解释中:
(1)神代过程可分为天神七代与地神五代,分别如下:
天神七代:国常立尊(即天御中主尊,同体而异名)
　　　　国狭槌尊(水神)
　　　　丰斟渟尊(火神)
　　　　泥土煮尊、沙土煮尊(木神)
　　　　大户之道尊、大苫边尊(金神)
　　　　面足尊、惶根尊(土神)
　　　　伊奘诺尊、伊奘册尊(阴阳神)
地神五代:天照大神(日神)
　　　　(正哉吾胜胜速日天忍穗耳尊)
　　　　(天津彦彦火琼琼杵尊)
　　　　(彦火火出见尊)
　　　　(彦波潋武鸬鹚草葺不合尊)

引文中,地神五代闇斋只提及天照大神(日神)一代。而有关天神七代,闇斋认为主要可为三个阶段,即第一代为国常立尊,从第二代至第六代为五行之神,即水火木金土神,第七代为阴阳之神。开头闇斋所提出的"神国四品之秘传"实际上是对神的分类。例如,天神前六代为

---

① 山崎闇斋:《风水草》下,《神道大系论说编·垂加神道》,第142页。

造化神,第七代兼造化、气化神,地神五代为身化之神,素戈鸣尊等则为心化之神。

(2)第一代国立常尊即天御中主尊,是高天原的最高主宰。闇斋称"天地全体之神,无形而八百万神、大中臣、百姓万民,皆此尊之神化也。"又《伊势太神宫仪式序》①中,闇斋说:"盖神一而随化称之也耳矣。然水火之神各奉一尊号,所以分阴阳也。木金土神各奉二尊号,所以析阳中阴,阴中阳也。一而二,二而五,五而万,万而一,无方之体,无穷之用,不亦妙乎。"因此,天御中主尊为神之"一",神化并存在于于阴阳、五行之神与万神万物中;阴阳、五行与万神万物又因此神在根本上得以统一。

(3)据引文与《伊势太神宫仪式序》,五行之神中,水火二神各奉一尊号,体现的是阴阳之分,木金土三神各奉二尊号,体现的阴中有阳,阳中有阴。

(4)第七代阴阳神伊奘诺尊、伊奘册尊是天神之终,也是地神之始,兼有造化、气化的双重神格,是从无形向有形、天人一贯的枢纽。卜部神道所谓"未生"指的是此二神在浮桥上,用天琼矛指下而探之的时候,此时为无形的造化之神;"已生"则是指二神降至岛上,开始创造国土、山海、草木、(禽)人等万物的时候,此时为有形的气化之神。

闇斋思想的研究者多已指出上述神代说与周敦颐《太极图说》及朱子《太极图说解》中所讲"太极—阴阳—五行—气化"万物生成顺序间的关联。② 尤其是在天神七代的神代过程中,第一代天御中主尊对应于"太极",其神化万神万物并存在于万神万物的特点与太极"合而言之,万物统体一太极;分而言之,一物各具一太极也"③相合;第二代

---

① 山崎闇斋:《伊势太神宫仪式序》,《新编山崎闇斋全集》第一卷,第68—69页。
② 如高岛元洋《山崎闇斋:日本朱子学と垂加神道》第三部中关于垂加神道的研究;近藤启吾《易学と山崎闇斋》一文亦有专章介绍太极图与神代说。王维先《日本垂加神道哲学思想研究》中也曾指出并分析二者间的关联。
③ 《太极图说解》(《朱子全书》),第74页。

至第六代五行之神中,水、火神奉一尊号与"分阴分阳"相对应①,而木金土各奉二尊号则与"阳变阴合"②相对应;并且,水火木金土的五行神代顺序与《图说》中的五行生成顺序也相一致;第七代阴阳神兼造化、气化,相合而生万物则与《图说》"无极之真,二五之精,妙合而凝,乾道成男,坤道成女,二气交感,化生万物,万物生生而无穷"③及朱子《解》中"是人物之始,以气化而生者也"④相对。高岛元洋曾用下图⑤来表示闇斋神代说与《太极图说》及《解》间的对应关系:

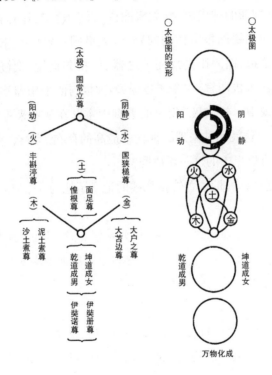

① 《太极图说解》(《朱子全书》),第72页。
② 同上书,第73页。
③ 同上书,第73—74页。
④ 同上书,第74页。
⑤ 高岛元洋:《山崎闇斋:日本朱子学と垂加神道》,第720页。原图为日文名词,此处系笔者自译。

从闇斋神代说与《太极图说》及《解》间的对应关系来看,显而易见,在发生顺序和环节上两者并未完全重合。例如在《太极图说》中,有太极动而生阳,静而生阴的过程;分阴分阳、阳变阴合后方生五行。但在神代过程中,由太极动静分生阴阳以及阴阳变合五行的过程并未作为一个独立环节体现出来。从天神七代的世代来看,五行之神实际上在阴阳之神之前。但闇斋通过对五行之神所奉尊号的再解释,将阴阳内在于五行之中,从而与《太极图说》中阴阳五行的顺利不相违背。

但是,在闇斋的神代说与《太极图说》及《解》中,还存在着一个为以往研究者所忽视的根本性的问题。《太极图说解》中,朱子认为,太极是形而上之道,而阴阳是形而下之器。① 换句话说,太极是理,阴阳是气。当然,《太极图解》中朱子也强调:太极与阴阳相即不离。② 但在闇斋的神代说中,与"太极"相对的天御中主尊在他看来却是"天地一气之神体"③。这就用气来理解神代中最高的存在。那么,究竟应该如何来理解闇斋思想中的这一矛盾呢?

《文会笔录》中,闇斋曾饶富意趣的记录了他的一个梦:

> 辛卯之夏四月二十二日,梦见周先生,乃问太极朱解莫违尊意乎?曰:不违。曰:或点于第一圈中,失尊意者有焉?先生领之。又将正所编次而人呼觉矣。……④

此处需附加一点说明的是,正保四年(1647),闇斋三十岁时曾编纂过《周子书》,其中《太极图说》用的是我们今日所常见的朱子的改本。此

---

① 《太极图说解》,第72页。中有"太极,形而上之道也;阴阳,形而上之气也。"
② 《太极图解》,第70页。中有"然非有以离乎阴阳也,即阴阳而指其本体,不杂乎阴阳而为言。"
③ 山崎闇斋:《垂加社语》,《近世神道论·前期国学》,东京:岩波书店,1972年,第125页。
④ 山崎闇斋:《文会笔录》十,《新编山崎闇斋全集》第一卷,第422页。

书编纂四年之后,即引文中所讲辛卯之夏(庆安四年,1651年)的四月二十二日,闇斋做了这个梦。这是闇斋所有编著中唯一一条有关梦的记载。从闇斋将该梦笔之于书以及对梦的时间记忆之清晰可以看出他对这个梦的重视。而以梦的形式来表达或许一方面可以从他对朱子学"述而不作"的尊信态度来理解,另一方面则表明他对梦中所言及的某些内容尚有一些迟疑。在这个梦里,闇斋讲了两点半:一是朱子对《太极图说》的修改与解释,即首句朱子将"自无极而太极"订正为"无极而太极"以及对《太极图说》所作的解释是否符合周敦颐的本意?从周敦颐"不违"的回答中可以看出闇斋实际上是赞同朱子的改动与解释;二则是闇斋自己的对太极图的修改,即在第一圈中加上一点。梦中周敦颐不直接回答,而以"领之"的态度意味深长,似乎反映了闇斋对自身修改的一种不安;还有半点,则是"正所编次而人呼觉矣",即有关图说次序的问题,因为闇斋在这时醒来,而没有梦到周敦颐的答复,因此姑且算作半点。从闇斋的梦可以看出,有关"太极"以及图说次序的问题,实际上一直困扰着他。前文有关神代说与《太极图说》的分析中,也指出过这两方面的问题。但此处最令人费解的,还是闇斋针对太极问题的解决方式,即在第一圈中加上一点,这究竟是什么含义?为何会导致闇斋自身的迟疑与不安?翻开《神代卷》,我们或许能找到闇斋的答案。《神代卷》首讲天地未分时说:

古天地未剖,阴阳不分。混沌如鸡子,溟涬而含芽。①

又天地分判后:

---

① 《风叶集》第一卷,《神道大系》,第168页。《全集》版《风叶集》中无《神代卷》原文,此处引《神道大系》版。

　　　　于时天地之中生一物,状如苇芽,便化为神,号国常立尊。①

据此,可推测闇斋于第一圈中所加之点指的是便是天地未分、混沌如"鸡子"时中间所含的"芽",此"芽"在天地分判后便化为了国常立尊,即天御中主尊。闇斋于"古天地未剖"一段下有小注:"凡十九字,言元气"。不难看出,闇斋将天御中主尊理解为"天地一气"或"元气",是从《神代卷》出发的一个结果。而在太极图第一圈中加一点,说明他自身也认识到了天御中主尊作为元气直接与太极相对时所产生的矛盾。这也正是闇斋不安的根源。前文在讲闇斋以神道习合理学时,曾引其在《会津神社志序》中对神的解释:"神也者,理之乘气而出入者。"因此,在第一圈中加一点,不仅意味着这一点是神的源起,是元气,而且实际上是将此元气安置在了太极之理中,作为理的承载者与理相即不离。闇斋的安排可谓煞费苦心,或许在他看来,只有通过增加的这一点,才能调和《神代卷》原有"元气说"与《太极图说》"理气说"间的差异;并进而获得对于"神"在理这一层面的理解。这一调和是否成功在此暂且不论,但若据此而体会其良苦用意,闇斋对神解释的调整与融合、对神代过程的阐发以及通过梦的形式对《太极图说》的修改,实际上是为了在天地万物化生的层面赋予神代说以与《太极图说》相等的作为自然之理的地位。

3. 洛书数五与天御中主尊

《洪范全书·洪范皇极内篇后录》中,有闇斋对天御中主尊所承载之理的说明。他在对与洛数有关的数阵之图后说到:

　　　　以上四十一图,其四十图反覆之则为八十图,犹《易》之卦变图也。中五一图自上而下,自下而上,初不以异,特立无对也。每

---

① 《风叶集》第一卷,《神道大系》,第170页。

数之一二三四六七八九,元居之而大对之,至于五焉,则元独居而大不能对矣,中之本然有善而无恶,于是乎见焉。《书》所谓上帝之衷,《传》所谓天地之中而尧舜禹相传之中是也。我国封天地之神号天御中主尊矣。伊奘诺尊伊奘册尊继神建国中柱矣。二尊之子天照大神,光华彻六合,如大明中天,则授以天上之事也。盖上下四方唯一理而已矣。故神圣之道不约而自符者妙矣哉。①

闇斋所引的洛数之图,是对前八十一章之数的演绎变化,即《洪范全书序》文中所讲"六千五百六十一数"的生成的过程。此处试图指出的是他对此阵图中数五阵图(见下图)特点的发明。在闇斋看来,除数五外的其他八数,都有"元居之而大对之"的特点。这里的"元"指的是每个

				中 五五 之				
五五	五五	五五	五五	一五	五五	五五	五五	五五
五五	五五	五五	五五	一五	五五	五五	五五	五五
五五	五五	五五	五五	一五	五五	五五	五五	五五
五五	五五	五五	五五	一五	五五	五五	五五	五五
五一	五一	五一	五一	元一	五一	五一	五一	五一
五五	五五	五五	五五	一五	五五	五五	五五	五五
五五	五五	五五	五五	一五	五五	五五	五五	五五
五五	五五	五五	五五	一五	五五	五五	五五	五五
五五	五五	五五	五五	一五	五五	五五	五五	五五

---

① 《洪范全书》,第353页。

阵图中的"元一"之数。但在数五的阵图中,"元独居而大不能对"。这就点明了数五作为洛书之"中"其阵图所具备的一个最重要的特性:元"独"而无"对"。闇斋看来,元"独"而无"对"的特性正体现了"中"在伦理意义上的"有善而无恶"。这是闇斋数理合一思想的又一重要表现。紧接着,闇斋对数五之"中"作了一番发挥,他指出:这个"中"就是《尚书》中的上帝之"衷"、《书集传》中的天地之"中",这里的"中"是天地之道,而尧舜禹相传之"中",是天道贯彻于人道伦理之中。同样,从神代来说,天地形成之初,最高的主宰天御中主尊也是以"中"为名。并且,就天御中主尊的特点来说,他是独神,无性别,这与"中"独而无对的数理特性无疑是一致的。伊奘诺尊与伊奘册尊是阴阳神,据《记》《纪》,此二神绕天柱相见,并相拥交合、产出日本国土及山川草木与诸神。"中柱"便是针对二神绕天柱这一行为,将之解释为围绕"中柱"即"中"的法则来"继神建国"。二尊所生的最后一个女神是天照大神,天照大神是太阳神,闇斋用"六合"与"中天"的对比同样说明了天照大神对"中"的继承与显明。可以稍作引申的是,天照大神也是日本天皇的皇祖神,天皇是天神的子孙。因此,这一"继神建国"所遵循的"中"的法则也被闇斋用来讲君臣伦理,如其在《神篱盘境极秘之传》的解释中说:

> 中者,天御中主尊之中,此君臣相守之道。君在上,治下;臣在下,奉上,表君臣合体。守中臣之道,号中臣也。①

因而,基础于"独而无对"数理特性的"中"的法则不仅贯彻于最高的主宰神、贯穿于神交合产国的过程中,也贯彻与体现在人间秩序的君臣"合体"之道中。尤其是臣道,在闇斋看来,"中"表现为儒家所讲的

---

① 山崎闇斋:《持授抄·神篱盘境极秘之传》,《新编山崎闇斋全集》第四卷,第310页。

"忠"。闇斋曾表彰《拘幽操》"臣罪当诛兮,天王圣明"①一句以赞美文王之德,并引朱子"臣子无说君父不是底道理,此便见得是君臣之义"②来表达他对忠的态度:君即使是昏君、恶君,为臣者也不可不忠、不敬。由此,闇斋反对中国的异姓革命之说,并大加称赞日本"万世一系"的神皇之统。

从对《太极图说》及洛数数五的习合过程可以看出:闇斋对理学易学的融合主要是从象(太极图)数(洛数中五)之理的层面展开。这固然与闇斋理数合一的思想有关,但其意义却不止于此,闇斋在万物生成层面对《太极图说》的融合,实际上证明了神代并非是虚构的神话,神的世代以及其创生日本国土、万物所体现的是自然、普遍之理的展开;而以天御中主尊与洛书数五之"中"的特性相一致,进而将此原则贯彻在继神建国的过程中,实际上是在对神的理解中融合以数之理,并将此理运用与规定于人间秩序尤其是日本神皇一体所遵循的政治伦理中。

对于闇斋来说,以神道习合以理学易学,固然是希望以此来获得日本固有传统之普遍性,并在此基础上挺立日本固有精神之主体。但崎门学派却也因此而发生了分裂。崎门"三杰"中,佐藤直方就说:"宇宙之间,一理而已,固不容有二道矣。儒道正则神道邪,神道正则则儒道邪,从于正则离邪,从于邪则离正,岂有两从之理乎?"③因而在崎门后学的易学传承中,对于神道的态度如何,也成为了其内部分合的一个重要标尺。

---

① 山崎闇斋:《拘幽操》,《新编山崎闇斋全集》第四卷,第125页。
② 同上。
③ 佐藤直方:《韫藏录·讨论笔记》,收于《佐藤直方全集》,日本古典学会编,东京:ぺりかん社,1979年,第44—45页。

第二章

人伦的世界与形而上学
——伊藤仁斋的古学与易学

江户时代儒学思想的氛围以朱子学为底色。这意味着江户儒学以各种学派面貌所呈现出的丰富的展开,都是在与朱子学的对话与论辩中完成的。而在一般思想史的写作中,伊藤仁斋及其所代表的古学派通常被视作朱子学的反对者。① 仁斋的另一个号"古义堂",某种程

---

① 关于伊藤仁斋及其古学派的研究,井上哲次郎的《日本古学派の哲学》(东京:富山房,1902年)是奠基之作。虽然井上先生关于古学派的许多观念和看法,在今天看来还有值得进一步商榷的地方,但他对于古学派的分类与梳理无疑是江户思想史相关研究的出发点。在井上先生的古学分类中,山鹿素行、伊藤仁斋、荻生徂徕都被归之于内。但三者之间实际上也有着显著的差异。仁斋的古学,更明确的说法,应该被称作古义学。此外,加藤仁平的《伊藤仁斋の学问と教育》(东京:目黑书店,1940年)与三宅正彦的《京都町众伊藤仁斋の思想形成》(京都:思文阁出版,1987年)是关于伊藤仁斋研究最为精详的两部著作。两位学者都充分发挥了日本学术精密考证的特点,对于仁斋的时代、生平、著作与思想的全貌进行了全面而细致的考察。值得一提的还有丸山真男在《日本政治思想史》(东京:东京大学出版会,1998年)中对于伊藤仁斋思想的研究,丸山先生将伊藤仁斋看作是日本近世朱子学从内部自然解体的一个环节,这也是战后日本仁斋学研究具有代表性的一个观点。同时,吉川幸次郎的《仁斋东涯学案》(《伊藤仁斋·伊藤东涯》[日本思想大系33],东京:岩波书店,1971年)、子安宣邦的《伊藤仁斋——人伦的世界的思想》(东京:东京大学出版会,1982年)、石田一良的《伊藤仁斋》(东京:吉川弘文馆,1960年)、相良亨的《伊藤仁斋》(东京:ぺりかん社,1998年)与伊东伦厚的《伊藤仁斋(附)·伊藤东涯》(东京:明德出版社,1983年)也都值得关注。中文学界关于伊藤仁斋及其古学派研究的代表性著作仍属朱谦之先生在《日本的古学与阳明学》(北京:人民出版社,2000年)中的相关部分。近年来,台湾学者黄俊杰的(转下页)

度上也揭示了这种关系:其所要表彰与发扬的儒学是比朱子学更为原始的古义,追寻的是孔孟的原意。因此,伊藤仁斋的学问以《论》《孟》为根底,其称《论语》为"宇宙至极最上第一书"。对于仁斋思想的研究,也大多从其对《语孟》所作的解释①出发。

本章则试图从仁斋的易学入手,通过对仁斋易学著作的考察与分析,了解仁斋的易学思想,以弥补相关方面研究的缺乏②。同时,本章还从仁斋的易学出发,重新探讨了古学中的一些问题。以往的研究经常将古学描述为一种反形而上学的性格。这固然与仁斋对于人伦之道的强调与重视有关。但正如本章所指出的,仁斋在晚年却通过易学思想建构了一套以太极元气为本体的形而上学。这也导致了仁斋思想内部的一些歧义。然而,不管是对于人道的强调,还是形而上学的建构,仁斋所努力的,都是在回应理学与佛老提出的挑战。

一 仁斋的生平与学术[③]

伊藤仁斋,生于宽永四年(1627),殁于宝永二年(1705)。京都人。

(接上页)《德川〈论语〉诠释史论》(台北:台湾大学出版中心,2006年)与张崑将《日本德川时代古学派之王道政治论——以伊藤仁斋、荻生徂徕为中心》(台北:台湾大学出版中心,2004年)则为中文学界仁斋学的研究补充了新的内容。关于仁斋研究的相关论文在此则不作介绍。

① 如其所著的《论语古义》《孟子古义》《语孟字义》等。

② 关于仁斋易学的研究,笔者所见,仅有土田健次郎先生在《伊藤仁斋的易学——日本易学的一个侧面》一文中有过简单的介绍。该文收于《中国哲学传统新论——朱伯崑教授七十五寿辰纪念文集》(北京:九州图书出版社,1999年3月)。

③ 关于伊藤仁斋的生平研究,较早的有其子东涯所作的《先府君古学先生行状》与安中侯板仓胜明所作的《仁斋伊藤先生传》,这两篇都收于五弓雪窗《事实文编》(《东西学术研究所资料集刊》,吹田:关西大学出版部,1979—1981年)。《先哲丛谈》(原念斋、东条琴台著,东京:松荣堂,1899年)中也有关于伊藤仁斋事迹的记载。前述加藤仁平与三宅正彦的著作体现了现代学者对仁斋生平的详细考订。此外,岩波书店《伊藤仁斋・伊藤东涯》(日本思想大系33)中收有《伊藤仁斋略年谱》,子安宣邦关于仁斋一书中亦有《仁斋略年谱》。诸篇中以东涯所作《行状》最见仁斋生平学问之精神。

讳维祯,字源佐,初名维贞,字源吉,仁斋是其号,又号古义堂。因堂前有海棠一株,又号棠隐。

仁斋幼年时个性深沉,不喜与人竞争。十一岁就师习句读,初读大学治国平天下章,感叹道:"今世亦有知如许事者耶?"十九岁购得《延平答问》一册,手不释卷,纸为烂败。自是服膺伊洛,专读《性理大全》《朱子语类》等书。二十八九岁时,为了警戒自己,仁斋在住处自揭"诚修"二字。同时,笔耕不辍,著有《太极论》《心学原论》《性善论》等。他曾作《无极吟》曰:"本未曾生岂又死,悠悠尽坏共吾身。有人若问斯心妙,无极一图是个真。"

之后仁斋患病十年,家境日渐困苦。当时日本的儒学还未兴盛,儒者从事医业是一个很普遍的状况,因此亲戚故旧多劝其操持医业以为生计。但仁斋不以为意,自此虽一生赤贫亦处之恬然。①

大约三十七八岁时,仁斋因修习佛教的白骨观法,觉山川城郭悉呈空想,遂悟佛老之非。进而怀疑性理之学有违孔孟之旨,自此有了学问上的转变。他认为《大学》非孔氏之遗书,宋儒提出的明镜止水、冲漠无朕、体用理气等说皆佛老之遗绪,并开始逐步确立"回到孔孟"的古学宗旨。既而开门延徒,讲授不倦,前后盖四十余年。

仁斋一生中大部分时间都在讲学中度过。虽曾有过出仕的机会,但因当时正在照顾病患中的母亲而谢绝。其为人孝谨,母亲患病期间,奉养至慎。母临终前合掌作礼以谢孝养之笃,视者无不感动涕零。第二年,其父去世,仁斋通前为父服丧凡四年。

---

① 仁斋不为儒医这点,放在当时的儒学的氛围中来看,是具有标志性意义的一个事件。当时德川社会还没有提供一种普遍地以儒学晋升的途径,儒者甚至连维持一般的生活都很困难。学儒者兼医业,是利用行医来解决生计。这在当时是很一般的状况。仁斋弟子并河天民关于"儒医"的观点与仁斋相违,他的说明可以为我们了解德川前期一般儒者的经济状况提供参考:"此邦儒无恒禄者,宜兼岐黄。偏以儒居,则产难支,终或不能固其志也。"(《先哲丛谈》,卷六)但仁斋坚持不为医业,实际上是以此姿态来彰显儒学本身的自足与自立,抵制儒学成为附庸与无用的形象。可以说,在仁斋这里,日本的儒学才真正获得了主体上的挺立。

仁斋为人宽厚和缓，不疾言遽色，不设城府，不修边幅，人不分老幼，都接之以诚。可以说，在江户的儒者中，仁斋是极具贤者风度的一位。当时芝山大高坂氏著书抨击仁斋的学说，弟子要为他争辩，仁斋说："为学之要，虚心平气以为己为先，亦何争焉？"后德大寺藤公好学，常召儒者集会讨论，当时仁斋正处壮年，也被召去。诸儒一开始皆怡声下气，而到学说各不相容处，则激词烈语，相互诋呵，唯独仁斋坦夷温厚，始终如一。

仁斋教人，望人以君子。他讲学的内容以《论》《孟》《中庸》为主，旁及《易》《大学》《近思录》等书。《行状》记载他："讲必直明主意，间述己见，务为学者受用之地，而不研究末义。"①听者无不为其所动。自是声誉日隆，往来经过京师者稍有所志，不管有学无学，都愿一识其面，一听其讲。

仁斋古学宗《论》《孟》，认为"《论语》言教而道在其中，《孟子》言道而教在其中"。其著《古义论语》，在每卷卷首上都题有"最上至极宇宙第一书"。仁斋曾与弟子评价诸葛孔明为霸者之臣，非王佐之才。弟子问他，如果他是孔明又会如何。仁斋答道："人各有能，我不能为孔明，孔明亦不能为我。古之宰相有以半部《论语》治天下者，我亦将以《孟子·梁惠王》一篇治天下。"

虽然在诸经之中，仁斋以《论语》《孟子》为本经，以《易》《诗》《书》《春秋》为正经，其余三传三礼等为杂经，把《易》经放在第二等经书的位置。但在晚年他却花了很大一部分精力注解《易》经。他曾引《论语》中孔子学《易》的心得阐述学《易》宗旨道："《易》六十四卦，三百八十四爻，一言以蔽之，曰可以无大过矣。"②仁斋晚年关于易经的主要著

---

① 伊藤东涯：《先府君古学先生行状》，五弓雪窗《事实文编》，第189页。
② 伊藤仁斋：《易经古义》，关仪一郎编纂《日本儒林丛书五》，东京：凤出版，1972年，第6页。

作有《易经古义》与《易大象解》。① 本章对于仁斋易学思想的研究,也主要是从这两部著作出发。

二 仁斋的易学思想

《易经古义》与《易大象解》②的篇幅都不长。从内容来看,《易经古义》包括三部分：一、纲领③。这一部分阐述了仁斋关于易学的一些基本看法,如论圣人作易本源等；二、关于《乾》《坤》两卦卦爻辞与《彖》《象》传的注解；三、关于《文言》的注解。这一部分仁斋恢复了王弼以前文言单独成篇的传统,并且对《乾卦·文言》经文提出了删改的意见④。但其中没有对《坤卦·文言》的注解,疑为未竟之作。《易大象

---

① 古学派的著作大多藏于日本天理大学的古义堂文库。据《古义堂文库目录》,仁斋关于易学方面的著作有《易经古义》与《易大象解》,此两书现收于《日本儒林丛书五》,从仁斋子东涯《行状》中对仁斋易学的概述来看,此两篇亦可视为仁斋易学思想的代表之作。但据《日本古典籍总合目录》所收,仁斋关于易学方面的著作还有《易杂记》与《堀河易说》。此两书不见《古义堂文库目录》,后世整理仁斋著作的学者也多未提及,如吉川幸次郎、加藤仁平等。《易杂记》现藏于静嘉堂文库,《堀河易说》藏于庆应大学图书馆,由于笔者尚未看到这两本书的内容,因此无法断定其与仁斋的关系,留待将来作进一步的研究补充。此外,仁斋的其他著作,如《语孟字义》《童子问》《读近思录钞》等中,也有大量对于《易》经内容的引用与发挥。

② 《日本儒林丛书五·古学先生别集》。这两部著作在仁斋生时均未刊刻。《儒林丛书》中所用的是伊藤家所藏的写本。

③ 《纲领》部分的具体内容包括：论圣人作易本源,论圣人创立撰著之法,论周易之兴,论古者易有二家,论象象之作在孔子前,论易专以象象为主,论不可以易为卜筮之书,论读易之法,杂论与注例。

④ 详见伊藤仁斋：《易经古义》,收于关仪一郎编《日本儒林丛书五》,东京：凤出版,1972年,第21页。

解》则是以程朱传义为基础①,对《易》经六十四卦《大象传》所作的解释。如果将《易经古义》与《大象解》合在一起看,可以发现,仁斋并没有完整的注解《易》经。仁斋关于《易》经直接注解的内容仅包括《乾》《坤》两卦的卦爻辞、《乾》《坤》卦爻的《彖》《象》传、《文言》的部分内容以及六十四卦的《大象传》。从《古义》的《注例》来看,仁斋原本有注解《易》经全书的计划,但显然他并没有能够完成。不过,在这里引起笔者兴趣的是,仁斋为什么选择首先注解这些部分的经传? 这与仁斋对于《易》经内容与性质的认识是分不开的。

1. 古者《易》有二家

"古者《易》有二家"是仁斋易学思想中一个非常独特的看法,同时,也是仁斋认知《易》经内容与性质的基础。仁斋《易经古义》道:

> 古者有儒家之易,有卜筮家之易。儒家之易,《彖》《象》是也。卜筮家之易,《系辞》《说卦》是也。盖《彖》《象》二篇,专明阴阳消长之理。以推之人事,无一字及卜筮者,《系辞》《说卦》虽本于义理,实以卜筮为主,卜筮家之易也。②

仁斋认为,古者易学可以分为两家:一者为儒家之易,另一者为卜筮家之易。《周易》经传中的《彖》《象》二篇是属于儒家之易。在这里,仁斋没有提到《文言》篇,但在《文言》篇名的注解中提到:"此篇亦儒家之书。"③《语孟字义》中有一处论述"古者《易》有二家"时也指出:"《彖》

---

① 《大象解》中不断地提到"《传》得之","《本义》得之",其中"《传》"所指的是程颐所作的《易传》,"《本义》"所指便是朱子所作的《周易本义》。
② 《易经古义》,第3—4页。
③ 同上书,第21页。

《象》《文言》,儒家之易。"①不过,从《纲领》中的内容来看,仁斋最为关注的显然还是《彖》《象》的内容。因此,儒家之易包含有《彖》《象》《文言》,但以《彖》《象》为主。卜筮家之易,则是以《系辞》《说卦》为代表的《周易》经传的其他部分。儒家之易的特点在于讲明义理,即明阴阳消长之理,以推之人事,丝毫不涉及卜筮。卜筮家之易的特点则是虽本于义理,但以卜筮为主。在仁斋看来,这两家是不可相杂的:

> 夫主义理,则不得杂于卜筮,主卜筮,则不得不舍义理。何者,学问主义,卜筮主利。义利之辨,犹水火薰莸之不相入。故《彖》《象》二篇,无一字之入于卜筮。②

两家之易为何不可相杂呢?这是因为儒家之易主义理,所重在"义",卜筮家之易所重在"利"。《论语》曰:"君子喻于义,小人喻于利。"③"义利之辨"是儒家区分君子小人的关键。仁斋在此处以"义利之辨"来严格区分儒家之易与卜筮家之易,很显然,他的用意在于强调其中与君子之义相关的儒家之易的部分。只有儒家之易才符合圣人之旨,才能体现与代表《易》经作为儒家经典"重义轻利"的品格与特点。因此,仁斋在《纲领》中提出:易以《彖》《象》为主。

> 《易》之所以列六经而传万世者,以有《彖》《象》也。《彖》曰:大哉乾元万物资始,乃统天。至哉坤元万物资生,乃顺承天。发明易道之本源,无复余蕴。而《大象》或称先王,或称君子,专说所以经理天下之道,此《易》之所以为治国平天下之要典,而《彖》《象》

---

① 伊藤仁斋:《语孟字义》,《日本教育思想大系·十四·伊藤仁斋·东涯》,东京:日本图书センター,1979年,第61页。
② 《易经古义》,第3—4页。
③ 见《论语·里仁》,朱熹:《四书章句集注》,北京:中华书局,1983年,第73页。

之所以度越于《系辞》《说卦》等说远甚也。若无《彖》《象》，则徒为卜筮之书，而不足列于六经，为人伦日用不可阙焉之书。①

可见仁斋严分两家易学，并非是为了平章二者，其主要目的是为了凸显其中讲义理的部分，从而解决《易》经中两者混而有之的状况。在仁斋看来，儒家之易即《彖》《象》等部分才是《易》经能够列为六经之一的根据所在，也是《易》经中真正有意义和价值的部分。作为卜筮家之易的《系辞》与《说卦》等其中只有讲义理的地方才可间而取之。从这一点出发，仁斋提出了关于《易》经性质的根本看法:《易》为义理之书。

2.《易》为义理之书

关于圣人作《易》的原由，历代易家都援引《系辞》中的说法，认为《易》的制作是上古伏羲仰观俯察，近取远取，为"通神明之德，类万物之情"而作。仁斋继承了这一传统的观点，并在《古义·纲领》首条中进一步阐释"圣人作易本源"为:"盖因阴阳消长之理，以明进退存亡之道。"②

在仁斋看来，上古虞夏之时就已有卜筮的存在。《系辞》中说:"河出图，洛出书，圣人则之。"仁斋以为:

其则洛书者，盖言龟卜之法，则河图者，盖大衍之数五十。③

仁斋看来，龟卜与以大衍之数为基础的揲蓍之法都是圣人所创，这两种占筮法自虞夏一直到殷周之际，才被新的"易筮"所改进。新"易筮"的

---

① 《易经古义》，第5页。
② 同上书，第1页。
③ 同上书，第2页。

第二章 人伦的世界与形而上学 | 45

特点是"系卦爻之辞,以示吉凶悔吝"①,即将卜筮的结果与卦爻辞的解说联系起来,盛行于周代中叶,所以被称作"周易"。因此,《周易》起初是占书。但《彖》《象》出现之后,就改变了《周易》的性质,回到了伏羲作易原初的目的上,使之成为了发明阴阳消长之理的义理之书。

> 《易》固为卜筮之书,然《彖》《象》弃而不取,专明阴阳消长之理,以推之人事。实为家国天下日用常行之要典,其有功于天下万世,可谓大矣。程子《传》专据其说,而至朱子反之卜筮者何哉?倘以《易》为卜筮之书,则《易林》《元龟》之属耳,岂足与诗书春秋同列于六经哉?从义则不欲用卜筮,用卜筮则不得不舍义,前已论之。《语》《孟》二书,无一言及卜筮者,盖为此故也。有疑则固可卜,不疑亦奚卜焉?孔子曰:不知命无以为君子。又曰:君子喻于义,小人喻于利。若以《易》为卜筮之书,则是《易》为小人谋,而非君子谋也。②

如果回到江户易学所展开的思想背景来看的话,仁斋提出"《易》为义理之书"所直接针对的是朱子"《易》本卜筮书"的观点。可以说,江户易学家关于易学问题的讨论,基本都是在与程朱《传义》的对话中完成的。仁斋推崇程传,称其为"三代以来好书"③,对于朱子的《本义》,则认为在解诂方面有可取之处。但对于朱子《本义》最主要的宗旨"易本卜筮之书",仁斋提出了激烈的批评。

朱子以《易》为卜筮之书,是出于对天理与卜筮关系的深刻认识。

---

① 《易经古义》,第2页。
② 同上书,第5页。
③ 伊藤长英:《古学先生别集序》,《日本儒林丛书五》,关仪一郎编,东京:凤出版,1972年,第1页。

在朱子看来,卜筮其实是一种沟通天理的方式。① 但仁斋认为:将《易》作为卜筮之书来看,是将之与《易林》《元龟》等占筮之书放在一起,从而降低了《易》作为儒家经典的地位。仁斋又援引《论》《孟》二书为证,指出:《语》《孟》二书中,没有一字提及过卜筮。前面区分两家易学的时候已经提及,卜筮与义理二者是绝对矛盾,不能相杂的。那么,作为"知命""喻义"的君子自然是应该从义而去卜筮的。仁斋认定《易》为义理之书的出发点,仍然是在强调《易》经作为儒家经典的品格与作用。换句话说,只有将《易》经作为义理之书来看待,对于《易》经的研究才能脱离卜筮,才能避免成为小人为了自身吉凶祸福而去计算利益得失的行为。因此,君子研究《易》经,应当去探明其中阴阳消长的道理,从而能做到"去就进退,用舍行藏,惟义之所在"②。

仁斋对于《易》经这一性质的认识还体现在他对《易》经的注解上。从《乾》《坤》的注解来看,仁斋几乎将每一句经文都引申为作为一个君子应当修养的品德与遵循的道理。以"用九""用六"的解释为例。朱子从"易本卜筮书"的观点出发,曾将"用九""用六"两条解释为占筮遇六爻皆变的情况。仁斋则说:

> 用九本占筮之辞,阳数九为老阳,七为少阳,老变而少不变。筮得阳爻者,用九不用七,故于此发诸卦之通例。然《象》专明义理而不取占筮,特说处乾刚之道也。群龙指六爻而言,无首谓不敢为天下先也。言乾道刚健中正,故见诸爻皆纯乎刚而又能柔,吉之道也。③

> 用六说见乾卦,凡筮得阴爻者,皆用六而不用八,以此卦纯阴

---

① 详见拙稿《卜筮与天理》,关西大学《千里山文集》,第83号。
② 伊藤仁斋:《语孟字义》,收于《日本教育思想大系:伊藤仁斋·东涯》,东京:日本图书センター,1979年,第55页。
③ 《易经古义》,第11页。

而居首。故于此发之。然《象》专言用阴之道,而不取占筮之义也。阴道柔而难常,故用六之道,利在常永贞固,所谓永贞者,谨终于始之义也。①

朱子以"用九"中"见群龙无首,吉"与"用六"中"利永贞"两句为占得六爻皆阳变或六爻皆阴变时的占辞,但仁斋将这两句看作是《象》的内容。仁斋认为,"群龙无首"讲的是处乾刚之道的原则:乾道刚健中正,表现于诸爻则刚而能柔,不敢为天下先,因而能够获吉。"利永贞"则是讲用阴之道:阴道柔而难常,所以利在常永贞固。因此这两句都是在讲明人事处于乾刚坤柔时的原则,不取占筮之意。

3.《十翼》非孔子作

仁斋在严分二家易学的时候,主要是以《易传》即"十翼"的内容为代表。他推崇和重视《彖》《象》二传,以之与《说卦》《系辞》等相抵牾,实际上已经隐含了"《十翼》非一人所作"的意味在其中。

关于《周易》作者,《汉书·艺文志》中有"人更三圣"②说,认为伏羲画八卦,周文王重《易》六爻演而为六十四卦,孔子作《十翼》。东汉的经师又提出周公作爻辞说。朱子在此基础上曾提出过"人更四圣"说。③ 关于伏羲画卦这点,仁斋从《系辞》出发,无甚疑意。但对于其他的作者,仁斋都有怀疑与批评:

……其以六十四卦为文王之作者,荀况倡之,而司马迁成之也,以三百八十四爻辞为周公之作者,王弼何晏之说也,最不足考信。《系辞》《说卦》之说,彰彰如此,人犹不知其妄,甚乎人之好附

---

① 《易经古义》,第18页。
② 班固:《汉书·艺文志》卷三十,北京:中华书局,1962年,第1704页。
③ 朱伯崑:《易学哲学史》第一卷,北京:华夏出版社,1996年,第8页。

会也。人谓文王作卦辞,周公作爻辞者非也。窃谓卦爻之辞,有则俱有,不应先有卦辞而后有爻辞,何也,揲法六爻皆变,则以《彖》辞占。五爻以下,或以变爻占,或以不变爻占,则虽有六十四卦之辞。而无三百八十四爻之辞,则不能筮焉。是以知不能独有六十四卦之辞,而无三百八十四爻之辞也。其谓文王先作六十四卦之辞,而后周公作三百八十四爻之辞者,昧理之甚也。①

仁斋在这里反对文王演六十四卦,周公作卦爻辞的传统说法。他指出,从揲法来看,既包含以象占,也包含以爻占,如果先有六十四卦,后有三百八十四爻的话,那么在周公之前,便无法用筮法进行占卜。但《系辞》中有明确的记载,易筮的兴起是在殷之末世。因此,卦爻之辞,有则俱有,不应当先有卦辞后有爻辞。从这一点出发,文王演卦,周公作爻的说法自然也无法成立。不过,仁斋攻驳最甚的还是"孔子作《十翼》"的说法:

《易》之厄于异说者,不堪枚举,然莫于以《十翼》为夫子之作。宋欧阳子及赵南塘②,皆有论说。赵说今不传,《系辞》之说悖于《论语》者,欧公辨之详矣。《彖》《象》二篇,出于孔子之前,上文既辨之,《系辞》《说卦》二篇。虽杂卜筮家之说,然二书互相抵牾,则亦非同出于一手。《十翼》之作,其时世撰人,皆不可考焉,阙之可矣。③

"孔子作《十翼》"的说法出自司马迁的《史记·孔子世家》,此说后世

---

① 《易经古义》,第2—3页。
② 赵汝谈(?—1237),字履常,宋太祖八世孙,居余杭。约宋宁宗庆元前后在世。其论《易》,以为为占者作。其经书传失传。
③ 《易经古义》,第7页。

几成定论。直到宋代欧阳修,才开始怀疑《系辞》非孔子所作。但从传统经学的主流看法来说,仍然是继承史迁的看法。仁斋认为《十翼》非孔子作,既有欧阳修与赵汝谈的影响,也有其自身的逻辑。仁斋以为:一、《彖》《象》出于孔子之前。这点在其《古义·纲领》中已经提及。现有《易》的《象》即是《左传》所记载的"昭公二年,晋韩宣子聘鲁,见《易象》与鲁《春秋》"中的《易象》,其时孔子方12岁,《象》出于孔子之前当无疑。《彖》又在《象》前,因为从内容上来推断,《彖》解释的是卦辞,而《象》则卦爻辞都解释。其中《大象》解卦辞,《小象》解爻辞。《大象》在解释卦辞的时候,只是就上下两象而取义,可以看作是对《彖》的内容的不同角度的补充和发挥;二、同属卜筮家之易的《系辞》《说卦》在内容上相互抵牾,因此也不是出于一手。

仁斋不仅提出了《十翼》与孔子无关,而且从《十翼》内容间的相互抵牾出发,认为《十翼》也不是出于一人之手。从这点上来说,仁斋的看法倒与现代易学的主流观点相接近。① 有所不同的是,仁斋认为《十翼》的作者与其时代背景,都已经无法考证,因而"阙之可矣"。

现在我们已经可以基本回答本章开始所提出的问题:在《易经古义》与《大象解》中,仁斋为什么首先注解这部分经传?正如前文分析所指出的,仁斋严格区分了儒家之易与卜筮家之易,在他看来,儒家之易的部分才真正代表和体现了《易》经作为儒家经典的品格和特征。或者说,这部分才是《易》经中最有意义和价值的部分,通过这部分的内容,可以使人们去了解阴阳运转的道理从而有益人事。因此,他首先选择注解的是属于儒家之易的部分。

其中,《易经古义》注解了乾坤两卦的《彖》《象》与《文言》。《大象传》则注解了全部六十四卦的《大象传》。在《易经古义》中,还有对《乾》《坤》两卦卦爻辞的注解,除了《周易》中以《乾》《坤》两卦为首外,仁斋显然还继承了《系辞》中以"乾坤为易之蕴"的观点,认为乾坤两卦

---

① 参见朱伯崑《易学哲学史》第41—42页中关于易传形成的时代的讨论。

实际上已经蕴含了其他六十二卦在其中，可以集中代表六十四卦的精神。单独注解《大象传》是因为从《大象传》的内容来看，《大象传》取每卦上下二象所阐发的意蕴，无不与圣人进德修业之用有关，即"大象之解，专以二象，上下交错，有正有变，有主有客，以言圣人之用。"①

三　易学中的古学问题

1. 太极元气说

太极是易学中最重要的概念之一。《易·系辞》曰："易有太极，是生两仪。"关于"太极"概念的不同理解，构成了后世不同思想间分别的关键。在中国易学史的发展中，对于"太极"概念的理解大致可以分为以下几种：一、以太极为元气，如汉刘歆"太极元气，函三为一"说；二、以太极为虚无实体，如魏晋王弼以太极为老氏之无；三、以太极为天地，如魏晋纪瞻"太极天地"说；四、以太极为理，如宋儒程颐、朱子之说等。②

伊藤仁斋早年服膺理学时，曾主太极为理说。但学问转变之后，仁斋关于太极的理解则继承了汉儒以太极为元气之说。他在晚年所著《童子问》中曾说：

  所谓太极云者，以斥此一元气而言耳。③

---

① 伊藤仁斋：《易大象解》，《日本儒林丛书五》，第 1 页。
② 本段论述参考自朱伯崑《太极辩》章（《易学哲学史》第一卷，第 338 页）。同时参看吾妻重二：《宋代思想の研究》，吹田：关西大学出版社，2009 年，第 179—185 页。
③ 伊藤仁斋：《童子问》，收于《日本教育思想大系·十四·伊藤仁斋·东涯》，东京：日本图书センター，1979 年，第 128 页。

又说：

> 汉儒以太极为一元气是也，此千古不传之秘。①

仁斋以此太极元气为万物生成之本体，其在《古义》中注《乾·象》"大哉乾元，万物资始，乃统天"一句时言：

> 乾元者，即一元之气，万物之所资以始而生生之本也。四旁上下，浑沦通彻，莫非斯气之流通。有形无形，有情无情，日夜生息，活动不止。天地以之覆载，日月以之运行，四时以之推迁，鬼神以之屈伸，贯通事物，流行日夜，故曰乃统天。②

需指出的是，仁斋在这里所说的"四旁上下，浑沦通彻，莫非斯气之流通"中的"四旁上下"不仅是讲太极元气流通的普遍性，同时，也为太极元气的流通划定了范围。"四旁上下"指的是天地四方，合称"宇"或"六合"。元气则在此天地四方之间。仁斋常爱以"木匣"为比喻，来说明"天地四方"与元气间的关系：

> 何以谓天地之间一元气而已耶？此不可以空言晓，请以譬喻明之。今若以版六片相合作匣，密以盖加其上，则自有气盈于其内。有气盈于其内，则自生白醭。既生白醭，则有自生蛀蟫，此自然之理也。盖天地一大匣也，阴阳匣中之气也。万物，白醭蛀蟫也。是气也，无所从而生，亦无所从而来。有匣则有气，无匣则无气。故知天地之间，只是此一元气而已矣。③

---

① 《童子问》，第131页。
② 《易经古义》，第11—12页。
③ 《语孟字义》，第12页。

"有匦则有气,无匦则无气",也就是说,有天地四方,则有太极元气,无天地四方,则无太极元气。由此可见,在仁斋看来,太极元气并非是天地产生之前的本源,相反,只有在天地四方存在之后,才有太极元气的存在。但是,天地四方与太极元气有的只是逻辑上的先后,并没有时间上先后生成的关系,因为天地四方存,则"自有"元气盈于其中。又:

> 或以为自天地既辟之后观之,固一元气而已。若自天地未辟之前观之,只是理而已。故曰:无极而太极。适圣人未说到一阴一阳往来不已上面焉耳。曰:此想象之见耳矣。夫天地之前,天地之始,谁见而谁传之邪?若世有人,生于天地未辟之前,得寿数百亿万岁,目击亲视,传之后人,互相传诵,以到于今,则诚真矣。然而,世无生于天地未辟之前之人,又无得寿数百亿万岁之人,则大凡诸言天地开辟之说者,皆不经之甚也……佛氏所谓无始,老氏所谓无极之前,亦皆妄诞而已矣。夫四方上下曰宇,古往今来曰宙,知六合之无穷,则知古今之无穷。今日之天地,即万古之天地,万古之天地,即今日之天地。何有始终,何有开辟,此论可以破千古之惑。但可与达者道,不可与痴人道。①

既然有天地则有元气,那么是否存在天地未辟之前的情况呢?在仁斋看来:不存在天地未辟之前的历史,开天辟地也是不经之说。仁斋强调:今日之天地,即万古之天地。万古之天地,即今日之天地——此天地亘古长存。太极元气即在此亘古独立的天地中流行,无始无终:

> 一元之气,亘古今而无尽,包天地而无外,无始无终。②

---

① 《语孟字义》,第13页。
② 《易经古义》,第11—12页。

根据仁斋在前面所譬喻的"木匣"的例子,这里的"包天地而无外"应该理解为:包于天地而无外。天地四方古今即"宇宙"构成了太极元气流动的场域,同时,也构成了太极元气的边界。在仁斋看来,天地万古长存,无始无终,太极元气在其中流行而生生万物,也无始无终。太极不是在天地之外的存在,也不是在天地之前的理,相反,"所谓理者,反是气中之条理而已"①。因此,佛家所讲的"无始""以山河大地为幻化",老氏所讲的"无极",《太极图说》所讲的"无极而太极",包括朱子所讲的"理在气先"②,都是虚妄之谈。

仁斋在这里通过天地与太极元气的观念,不仅与佛老相区别,而且与朱子学相区别,构建了古学派独特的"宇宙"观。这里的"宇宙"不是宇宙生成意义上的,而是实存意义上的。"宇"即是天地四方,"宙"即往来古今。天地如其所是的在这里,贯穿所有的时间,不存在开始,也不存在结束。没有天地之前的存在,一切都发生在当下的这个天地中。太极元气在天地存有时"自有"而生,并在其中流转不息,化生万物。换句话讲,仁斋在这里构造了一个以"宇宙"为场域,以太极元气生生不已为内容的本体论。当然,这一本体论并不是彻底的,例如仁斋并没有讲明"天地"是否是由太极元气化生而成的。但是,仁斋通过这一本体论的建构,从而在根本上反对了任何的宇宙发生论。进言之,不存在所谓天地之先,即没有老子所说的"有物混成,先天地生"③或"万物皆生于无"④;天地亘古长存,因此也不是佛氏所说的"无始";太极元气是

---

① 《语孟字义》,第 12 页。

② 需要说明的是,"理在气先"说在朱子的思想中有其发展的过程。朱子淳熙十七年(61 岁)左右曾主此说,认为从本源上说,理先而气后。但到更晚年由于认识到这一宇宙论上的种种困难,提出逻辑在先说,认为理与气时间上并无先后,只有从逻辑上来说,理在气先。详见陈来先生《朱子哲学研究》(上海:华东师范大学出版社,2000 年)中"理在气先"章第 89 页。但从仁斋对于朱子学的理解来说,他显然只看到了朱子学中强调理在气先的这一部分。

③ 《老子》,第 25 章。

④ 《老子》,第 40 章,"天下万物皆生于有,有生于无"。

此"宇宙"之中万物生成的本体,"理"因此也并非万物的根本,所以不存在"无极而太极"或"理在气先"。通过与佛老的区别,仁斋表明了古学之所以是儒家思想的基础,而通过与朱子学的区别,仁斋又表明了古学思想之所以为古学的特质所在。

"宇宙"构成了太极元气流动的场域,即"天地间一元气"。太极元气则赋予了"宇宙"以生生的力量,使天地成为一"活物",仁斋道:

> 盖天之所以为活物者,以其有一元之气也。一元之气,犹人之有元阳。饮食言语,视听动作,终身无息,正为其有元阳也。若元阳一绝,忽为异物,与木石无异。唯天地一大活物,生物而不生于物,悠久无穷,不必人物之有生死也。夫无太虚则已,有太虚则不能无斯气。斯气也,既无所生,亦无所不生。万古独立,颠扑不破,岂容以虚无目之邪。①

天地间因为有一元之气,所以为一大活物,悠久无穷,生物不已。这种生生不已的力量仁斋称之为"天地之道",太极元气便是这天地之道的承载者,仁斋说:

> 《易》曰:天地之大德曰生。言生生不已,即天地之道也。故天地之道,有生而无死,有聚而无散。死即生之终,散即聚之尽。天地之道,一于生故也。父祖身虽没,然其精神则传之子孙,子孙又传之其子孙,生生不断,至于无穷,则谓之不死而可。万物皆然,岂非天地之道有生而无死耶。故谓生者必死,聚者必散,则可。谓有生必有死,有聚必有散,则不可。生与死对故也。②

---

① 《童子问》,第130页。
② 《语孟字义》,第12页。

天地间一元气,元气是天地间万物生成的本体。太极元气生生不已的力量就是天地之道。需要注意的是,仁斋在此处所强调的"天地之道,有生而无死,有聚而无散"。通常的观念中,把生死、聚散看作是独立相对的关系,但仁斋认为,生与死,聚与散并不是平等相对的,生和聚才是根本性的。因为"天地之道,一于生故也",作为万物化生本体的太极元气,是生生不已,永不停息的。因此,死与散并不是与生与聚相对独立存在的概念,死只是生的完成,散只是聚的结束。换句话说,死与散只是生与聚的一个环节。当然,这个环节是一个必经的环节,即"生者必死,聚者必散"。但不可谓"有生必有死,有聚必有散",因为这样就将"生死""聚散"放在了对待的位置,只有生与聚才是根本性的。①

"天地之道,有生而无死","生者必死",通过对太极元气生生不已的认识,仁斋表达了古学派独特的生死观念。依此生死观,仁斋回应了佛家的"轮回"之说与道家的"长生"之说。并且,仁斋将这种对于"生死"关系的理解贯彻在了对于动静、善恶的理解上,从而在根本上挑战了朱子学的"理本论":

(仁斋)曰:凡天地间……有动而无静,有善而无恶,盖静者动之止,恶者善之变。善者生之类,恶者死之类。非两者相对而并生,皆一乎生故也。凡生者不能不动,惟死者而后见其真静也。②

与前面对生死、聚散的理解相同,在仁斋看来,动与善才具有根源性的意义。静是动之止,恶是善之变。凡生者不能不动,只有死者才是静的。善是属于生之类,恶是属于死之类。因此,仁斋所使用的概念实际上可以分为两类,一类为生、聚、动、善;另一类为死、散、静、恶。生、聚、

---

① 仁斋的这一区分无疑是具有高度哲学品质的。在下一节中我们还将看到,仁斋的这一区分实际上是出于他对于乾坤、阴阳关系的理解。

② 《童子问》,第131页。

动、善实际上所说的就是太极元气聚而化生万物,生生不已的过程。这样一个过程是永无止息的,同时,这种"天地之道"生生不已、动动不已的特质也是人间秩序中善作为伦理根本的根据。而另一类概念死、散、静、恶并不具有根源性的意义,它们只是前一类概念的环节或变化而已。

> 问:理字何故不足为生生化化之原乎?曰:理本死字。在物而不能宰物,在生物有生物之理,死物有死物之理,人则有人之理,物则有物之理,然一元之气为之本,而理则在于气之后。故理不足以为万化之枢纽也。①

仁斋在这里指出,理为"死"字。"在物而不能宰物"是说理是缺乏能动性的。虽然万物皆有理,但理却不是万物生成、能动与主宰性的力量。在仁斋看来:"夫理也者,无声无臭,虚而本无,寂而自灭"②,理无法成为生生化化的根源。相反,只有一元之气才是根本,人物皆有理,但此理是在气后,是气之条理。

曾有弟子问仁斋,先儒何语最为至极?仁斋答曰:

> 伊川《复》卦《彖》曰:一阳动于下,乃天地之心也。先儒皆以静为见天地之心,盖不知动之端乃天地之心也。非知道者,孰能识之。③

理学中主静的传统出自周敦颐的《太极图说》。《图说》道:"圣人定之

---

① 《童子问》,第131页。
② 《易经古义》,第11—12页。
③ 《语孟字义》,第135页。

以中正仁义而主静(自注:无欲故静)"①。仁斋在这里引用伊川对《复》卦《象》传的解释,但仁斋所讲的"动之端"是指是太极元气的生生之动,认为这才是"天地之心"的体现。前文已指出仁斋以太极元气为本体,从而抵制了以"理"为万物根本的看法。"理"因为缺乏能动性,无法成为万物生成与主宰的力量,因而也无法成为万化之源。相反,生生不已的太极元气才是万物化生的根本。基于这一认识,仁斋在工夫论上也表现为主张动的"操存"而反对静的"涵养"。在他看来,"上天之载,无声无臭","寂然不动,感而遂通"这些主静涵养所要达到的境界都是宋儒受佛道影响的结果,都没有真正把握到"天地之道"或"天地之心"的根本。

2. 一阴一阳之谓道

仁斋以太极元气为万物之本体,太极元气又分生为阳气与阴气。《系辞》中说:"易有太极,是生两仪",在仁斋看来,是在讲太极元气分生为阳气与阴气的过程。关于"生"字,仁斋强调:"所谓太极生两仪者,即分生之谓,非生出之义。"②这与他在前面强调太极元气的本体意义是一致的。

仁斋在《易经古义》中只注释了《乾》《坤》两卦。其中,乾属阳,坤属阴。仁斋说:

> 乾健也,阳之行也。阳性至健,而无所不统,故三奇之卦,名之曰乾。……元,始也,大也。乾元者,谓阳气之始,至大无外也。亨,通也,言一元之气,刚健纯粹,无所不通也。盖乾元之道,有通而无塞。塞则息,观人物之生,皆吐纳流通可见矣。利,宜也。贞,正而固也。谓万物皆资乾元之气以生,而洪纤巨细,飞潜动植,举

---

① 周敦颐:《太极图说》,收于《周敦颐集》,北京:中华书局,1990年,第5—6页。
② 《童子问》,第180页。

皆无不利于物,而其性正固无所变渝,此即乾元之德也。①

坤者顺也,阴之性也。阴性至顺。故三偶之卦,名之曰坤。……坤元者,谓阴气之始,又至大无外也。言坤元之德,顺而刚,故无所不通故亨。至柔而无所违忤,故能利。犹曰行所无事也,牝马顺而善行,盖阳之性健,故过刚进锐,或难持久。坤之德柔顺,能堪烦而致远,故以牝马为象,柔顺为贞也。②

上引两段中,仁斋对乾坤的卦名和卦辞进行了解释。乾代表"阳之行",至健不息。坤代表"阴之性",柔顺载物。"乾元"指的是阳气之始,坤元指的是阴气之始。这里的"元"当指"一元之气"即太极元气,太极一元之气分生为乾元坤元,为阴阳气之发端,从而化生万物。

乾元,阳也,坤元,阴也。总言一元之气,故乾坤俱称元,见其非二也。万物资乾以始,资坤以生,父母之道也。承乾之施以成其功,坤之道也。夫始万物者乾也,生万物者坤也。今不谓乾坤始生万物,而谓万物资乾坤以始生者,盖就见在之万物而言,不欲主一理而言之。若主一理而言之,则落于虚无,而不见乾元坤元之妙也。③

仁斋指出,乾元、坤元两者俱称元,从而知其是一非二。如前所述聚散、生死、动静、善恶间的关系,乾元坤元虽然是二"元",但实质上是"一"元,并且以乾元为根本。

或曰:元者一而已矣,其有乾元坤元二者何也? 曰:此对待之

---

① 《易经古义》,第9页。
② 同上书,第18页。
③ 同上。

谓也。乾之兼坤,犹天之包地也。故于乾曰统天,于坤曰顺承天。虽有乾元坤元之异,实乾元之一气也。①

仁斋在此处使用"对待"一词,是指乾坤二者相对而言,并非说坤具有与乾平等独立的地位。因为"乾之兼坤,犹天之包地",乾是能够兼包坤于其中的。所以《象辞》在描绘乾坤化生万物过程的时候于乾说"统天",于坤说"顺承天",一"统"一"顺"间主次立判。虽有乾坤之异名,但从根本上来说,乾坤二元是一元,并且乾元在万物化生中占主导地位,坤元所起的是辅助性的作用。

既然乾元、生、聚、动、善是占据根本性地位的,那为什么还要有坤元、死、聚、静、恶这些相对性的概念的产生呢?仁斋云:

《贲》卦《彖》传云:一不独立,二则有文。盖言一非一,而二中自有一也。②

《贲》卦《彖》传中有"天文""人文"的区分,其曰:"观乎天文,以察时变。观乎人文,以化成天下。"仁斋在这里总结为:"一不独立,二则有文"。言中之意为:只有存在从"一"到"二"的过程才能有"文",才能化成天下。即作为"一"的太极元气只有通过阴阳"二"气(坤元、乾元)的作用方能产生丰富多姿的世界万物。仁斋的这一思维方式与宋张载所谈论的"两一"的思维方式很接近。张载在《正蒙》中所说:"一物两体,气也。一故神,两故化。"③"两不立则一不可见,一不可见则两之用息。"④需要强调的是,仁斋并不认为所化生的"两"是平等独立的

---

① 《易经古义》,第9页。
② 《童子问》,第135页。
③ 张载:《正蒙参两篇》,收于《张载集》,北京:中华书局,2008年,第10页。
④ 《正蒙太和篇》,同上,第9页。

关系。仁斋仍以"两"中的一方作为"一"的本质的体现者。如"乾元坤元"中的乾元,生死中的生等。

至此,我们可以完整看到仁斋本体论的模式,即从"太极元气——阴阳二气(乾元坤元)——万物"。太极元气"分生"为阴阳二气,阴阳二气化生为万物。仁斋的这一模式与周敦颐在《太极图说》所提出的宇宙生成模式很接近,但显然仁斋在这里以生生不已的太极元气为本体赋予了这一模式以新的解释。

3. 天道与人道——古学的形而上学

阴阳二气往来不已化生万物的作用,仁斋称之为"天道"。他说:

> 其谓天道者,以一阴一阳往来不已,故名之曰天道。易曰:一阴一阳之谓道。其各加一字于阴阳字上者,盖所以形容夫一阴而一阳,一阳而又一阴,往来消长,运而不已之意也。盖天地间一元气而已。或为阴,或为阳,两者只管盈虚消长往来感应于两间,未尝止息。此即是天道之全体,自然之气机。万化从此而出,品汇由此而生,圣人所以论天者,至此而极矣。可知自此以上更无道理,更无去处,考亭以谓阴阳非道,所以阴阳者是道,非也。阴阳固非道,一阴一阳往来不已者,便是道。①

仁斋在这里提到:"考亭以谓阴阳非道,所以阴阳者是道",考亭即是朱子,朱子的这一说法实际上源自程颐,程颐《遗书》曰:

> 一阴一阳之谓道,道非阴阳也,所以一阴一阳,道也,如一阖一辟谓之变。②

---

① 《语孟字义》,第11页。
② 程颢、程颐:《二程集·遗书》卷三,北京:中华书局,2008年,第67页。

　　　　离了阴阳更无道,所以阴阳者是道也,阴阳,气也。气是形而下者,道是形而上者。①

在程朱的理学思想体系中,阴阳属气,是形而下者,而道是形而上者,二者不能相混淆。程颐所强调的是阴阳之气的往来运动中还有一种支配其如此运动的内在根据,这个内在的根据就是理。可以看到,程颐用理与气的关系重新诠释了《系辞》中的这一命题。因为理气不能混为一谈,因此他提出"所以一阴一阳者道也"。仁斋反对阴阳气上还有形上之道的存在。他认为,阴阳固非道,但"一阴一阳"中的两个"一"字所形容的阴阳之气往来消长,运而不已的作用便是道。所以,不存在作为超越的内在的"理"——万物以太极元气为本体,太极元气或为阴,或为阳,阴阳之气是太极元气的两种形态,它们自身盈虚消长、永不停息的作用才是"道"。

在仁斋看来,"天道"也有两种表现:一种是流行,一种是对待:

　　　　天道有流行,有对待。《易》曰:一阴一阳之谓道,此以流行言。立天之道,曰阴与阳,此以对待言,其实一也。流行者,一阴一阳往来不已之谓。对待者,自天地山川水火以至于昼夜之明暗寒暑之往来,皆无不有对,是为对待。然对待者,自在流行之中,非流行之外又有对待也。②

前面所讲的《系辞》中"一阴一阳之谓道"便是讲天道的流行;《说卦》所云"立天之道,曰阴与阳"是讲天道的对待。但仁斋强调:"对待者,自在流行中,非流行之外又有对待也。"因此太极元气以阴阳之气的形态往复不已的作用是流行,太极元气分生为阴阳二气以至种种相对的

---

① 《遗书》卷十五,第162页。
② 《童子问》,第12页。

万物便是对待。对待不是静止固定的形态,而是在流行之中的对待。在这里,对待的意义同前"二一"的意义是一以贯之的:

> 立天之道曰阴与阳,明对待之理。盖物有两而后化,无两则无以化,此天地自然之理。至万物之生,莫不皆然,外此更无道理,故于阴阳字间,著一与字,意味可见。①

天道是仁斋对于"道"理解的一部分,在仁斋看来,道还包括另一部分的内容,便是人道。毋宁说,在仁斋的古学思想中,所突出强调的是道作为人道的意义。这种强调一方面使得仁斋严格区分天道与人道;另一方面也使他在关于天道的论述方面出现了矛盾。

仁斋在《论语古义》"吾道一以贯之"条中解释"道"曰:

> 圣人之道,不过彝伦纲常之间,而济人为大。②

仁斋认为,圣人之道就在"彝伦纲常"之间,并以"济人"为其功用。这与朱子所言"圣人之心,浑然一理,而泛应曲当"③截然不同,仁斋以道为人伦纲常,而朱子以道为理。并且,仁斋将一以贯之的"贯"字解释为"统",与朱子"贯通"之解迥然有异。"道"在仁斋看来,是人伦日用当行之路。

> 道者,人伦日用当行之路。非待教而后有,亦非矫揉而能然,皆自然而然。至于四方八隅,遐陬之陋,蛮貊之蠢,莫不自有君臣

---

① 《童子问》,第 180 页。
② 伊藤仁斋:《论语古义》卷三,关仪一郎编《日本名家四书注释全书》,东京:凤出版,1973 年,第 230 页。
③ 朱熹:《四书章句集注》,北京:中华书局,1983 年,第 72 页。

夫子昆弟朋友之伦,亦莫不有亲义别叙信之道。①

仁斋进一步说:"凡圣人所谓道者,皆以人道而言之。"(《语孟字义》)"外人伦而无道。"(《童子问》)因此,仁斋在评价《北溪字义》中对"道"的解释时说:

> 北溪曰:《易》说,一阴一阳之谓道,孔子此处,是就造化根原上论。大凡圣贤与人说道,多是就人事上说,惟此一句,乃是赞《易》时,说来历根原,愚谓不然。谓天人一道,则可,为道字来历根原,则不可。《易》语是说天道。如率性之谓道,及志于道,可与适道,道在尔等类,是说人道。《说卦》明说,立天之道,曰阴与阳,立地之道,曰柔与刚,立人之道,曰仁与义。不可混而一之。其不可以阴阳为人之道,犹不可以仁义为天之道也。倘以此道字为来历根原,则是以阴阳为人之道也。凡圣人所谓道者,皆以人道而言之。至于天道,则夫子之所罕言,而子贡之所以为不可得而闻也。其不可也必也。②

在这里,仁斋引用《说卦》"立天之道"一句,对天道与人道作了严格的区分:阴阳是属于天道,仁义是属于人道,二者绝对不可混淆。其中"子所罕言"一句,出自《论语·公冶长》篇:

> 子贡曰:"夫子之文章,可得而闻也;夫子之言性与天道,不可得而闻也。"

朱子解释此句为:

---

① 《语孟字义》,第19—20页。
② 同上书,第19页。

> 言夫子之文章,日见乎外,固学者所共闻;至于性与天道,则夫子罕言之,而学者有不得闻者。盖圣门教不躐等,子贡至是始得闻之,而叹其美也。程子曰:此子贡闻夫子之至论而叹美之言也。①

在朱子看来,这句是讲孔门教不躐等,子贡至此始得闻。但仁斋认为:性与天道是夫子罕言,子贡不得闻。因此,圣人所谈论的道,都是从人道来讲。

从这里我们可以看到,仁斋对于天道的说法出现了前后的矛盾。一方面,他强调道作为人道的意义而认为圣人不谈论天道;另一方面,他却在晚年注解《易》经,并在同是晚年所著的《语孟字义》中有专门的"天道"一章,构建了一个以太极元气为本体的"宇宙"观。究竟是什么原因导致了仁斋在"天道"看法上的矛盾呢?

从仁斋对人伦之道的强调出发,当代日本学者大都将仁斋学描述为反形而上学的性格。例如石田一良说:仁斋学是一种"绝对的人间学",反对"天中心主义"的宋学,主张从人的立场来理解人。子安宣邦也宣称仁斋的思想世界是一种"人伦的世界"。② 但正如前文所指出的,仁斋的思想中并不缺乏对于形上思想的关注,他所构建的独特的"宇宙"观,以太极元气分生为阴阳二气,从而流行对待,生生不已的化生万物的本体论,都在某种意义上形成了"古学"的形而上学。要解决仁斋"天道"观的矛盾问题,我们还是应该回到仁斋学所不断对话与批判的对象来看。诚如石田一良所说,仁斋强调道为人伦日用之道,是为了反对理学。但同时还需要补充的一点是,人伦日用之道的强调也使得仁斋的古学与佛老"出世"之说有了根本上的差异,明晰了古学的儒家立场。同样的理由也可以用来解释仁斋在"天道"看法上的矛盾。

---

① 《四书章句集注》,第 79 页。
② 本段论述参引自黄俊杰:《德川日本论语诠释史论》,台北:台大出版中心,2006 年,第 229 页。

仁斋反对天道也好,建构形而上学也罢,都是为了与理学和佛老中的宇宙生成观相对峙。换句话说,仁斋对于"天道"矛盾说法的两面,实际上都指向同样的批判对象。从这一点出发,我们也很容易看出《易》学在仁斋思想中的位置。《易》学对于仁斋思想的重要性就在于其为仁斋在晚年完成这一形而上学的建构提供了一套理论模式与话语。"立天之道曰阴与阳,立人之道曰柔与刚"让"天道"与"人道"有了区分与安置,而作为本体的太极元气又让"天道"与"人道"统一了起来。可以说,通过这一基础于《易》学的本体论,仁斋一方面从根本上批判了佛家的空幻,道家的虚无,从而确立了古学的儒家立场,另一方面,则据此批判了朱子学在《太极图说》基础上以理为根本的宇宙发生论,从而彰显了古学自身的品质与特点。

第三章

"后世谈理,率祖乎易"
——伊藤东涯的易学研究

伊藤仁斋于宝永二年(1705)殁后,古学派的学问主要由其子伊藤东涯所继承。同时代的儒者太宰春台曾评价说:"仁斋有不可及者三焉:学不由师傅,一也;不仕,二也;有子东涯,三也。物先生不有一于此。"①太宰春台所说的物先生是指他的老师荻生徂徕(又名物徂徕)。从春台的评价可以看出东涯对仁斋学问传承的重要意义。就易学方面来说,古学易学由仁斋肇始其端,而在东涯处发扬光大。东涯的易学向来被视作江户时代易学研究的一座高峰。而他的影响也一直延伸至日本近代易学的研究中。② 本章在对东涯易著进行详细调查的基础上,一方面重新检讨了东涯与仁斋学问间的承继关系;另一方面则揭示了易学在东涯古学思想的展开中以及在对程朱理学的批判中所起的根源性的作用。

---

① 原念斋、东条琴台:《先哲丛谈》,第65页。
② 关于东涯易学的先行研究,笔者所及,仅有论文两篇:一为滨久雄的《伊藤东涯の易学》(《东洋研究》第90期,1989年1月,第1—31页),另一为伊东伦厚的《伊藤东涯の〈周易〉十翼批判》(《日本中国学会报》第55期,2003年,第276—287页)。滨文主要是对东涯主要易学著作内容的介绍,伊文则详细研究了东涯继承自仁斋的"十翼非孔子作"的观点。此外,武内义雄在《易と中庸の研究》(东京:岩波书店,1943年)的《叙由》中也曾提及东涯继承自仁斋的"十翼非孔子作"学说对其以及内藤湖南易学研究的影响。

一　东涯的生平与易著①

伊藤东涯(1670—1736)名长胤,字原藏。东涯是其号,又号慥慥斋,私谥绍述。仁斋长子,京都人。

据藤原常雅《碣铭》载:"东涯资禀甚异,三四岁能知字,长而博学强记,最善属文。"藤原称其文"温纯精粹"。然其为人沉静寡然,恭俭谨慎,口不言人过。

东涯终身不仕,讲学于家。生平无他嗜好,唯有读书。平日手不释卷,每有所得,则辄笔之,故其经术湛深,著述宏丰。

《先哲丛谈》载有门人高养浩言:"客曰:敢问东涯先生之为人如何?曰温厚之长者也。博识洽闻不减徂徕。惜哉性过谦让,而智乏施设。学包众美,而才短教诲。是以有问则答之,答亦不精详。不问则不示之,不示亦非有吝。"②可见,东涯虽长于著述,却短于教学。据《丛谈》:"东涯声吐甚低,且讷讷如不能言。对门有箍桶匠,其篾束声乱。东涯讲书,听者每苦其难分。"③

东涯与荻生徂徕同时,二人各鸣东西。《丛谈》卷四④载有东涯与徂徕学派交往的事迹:"东涯声动海内,四方后学多辐辏。菅麟屿既入徂徕门,又心向往东涯。遂负笈赴之。徂徕固不为意。春台内甚不平,各有送别诗。徂徕云:'五十三驿莫言难,处处山川秋好看。明日先从函岭望,如丝大道达长安。'其二:'挥鞭意气惬秋凉,才子奉恩游洛阳。

---

① 东涯生平资料主要见诸藤原常雅撰《绍述先生伊藤君碣铭》(《绍述先生文集》,东京:ぺりかん社,第8页)及《先哲丛谈》。
② 《先哲丛谈》,第69页。
③ 同上书,第67页。
④ 同上。

但到西山红叶好,锦衣相映早归乡。'自书扇头以赠之。春台云:'田郎妙龄好远游,一旦寻师西入周。天边月落函关晓,云际星流渤海秋。周道如砥任奔走,那识古人骨已朽。到日试问柱下官,往时老聃今在否?'麟屿造东涯出示之,东涯一见且笑曰:'物先生襟度廓如可想见。太宰子亦慷慨有节气。'又:"徂徕每臧否东涯不置,或遇自西至者,即首叩以东涯所业,东涯异于此。"①颇显其胸襟宏量。

东涯学问综贯经史,论其要旨,在于对仁斋古学的继承与发展。就易学方面来说,仁斋晚年注易,所著《易经古义》与《大象解》仅包括《乾》《坤》两卦的卦爻辞、《彖》《象》传、《文言》的部分内容以及六十四卦的《大象传》。东涯作《周易经翼通解》,则在继承仁斋易学精神的基础上,全面而完整的注解了《周易》的经传。东涯子伊藤善韶在《周易经翼通解序》②中述其原委时说:

> 吾祖考晚年将注《易》。已解乾坤及《大象》,名以《古义》。先考自夙岁深好《易》。考《传义》之异同,题之上帧,苦心尽力,剖析甚精。祖考尝称曰:殆不让古之好《易》者。祖考见背,《古义》亦未成。故本过庭之大意。考索《传义》,以为注述,名曰《经翼通解》。其解直随《易》书之本旨,不牵强而是非自明,经翼各还其本旨,亦不混同矣。卦变及正策余策,宋儒有说,先考特发明原旨,各详本书,经翼之次第,姑从程氏之本云。

就古学派的易学传承而言,仁斋易学主要传之于家。仁斋的弟子中,并河天民,中江岷山等人皆无易著传世。仁斋育有五子,其中,除东

---

① 《先哲丛谈》,第66页。
② 伊藤善韶:《周易经翼通解序》,收于星野恒校订《汉文大系·周易》,东京:富山房,1913年,第3页。

涯外,亦有第五子伊藤兰嵎①著有《易疑》《易宪章》《易本旨》等。东涯、兰嵎之后,伊藤家易学遂抱守残说而无新见。

东涯继承仁斋遗志所作《周易经翼通解》是东涯易学的代表作。据《年谱》②,《通解》净书本成于享保十四年(1729),刊于安永三年(1774)。《通解》成书时东涯六十岁。这部书是东涯易学思想最为全面、成熟的表达。

除《通解》外,东涯还著有多种易作。如前引善韶《序》中提及的"考传义之异同"的《周易传义考异》。这部书是他研读程颐《易传》与朱子《本义》合刻本时题于书页上帧的评语集成。③ 其书内容主要是对程朱易学异同的考辨。此外,东涯的易作还有《读易私说》④《周易义例

---

① 仁斋第五子,名长坚,字才藏,兰嵎是其号。

② 吉川幸次郎、清水茂:《伊藤仁斋·东涯略年谱》,收于《伊藤仁斋·伊藤东涯》(日本思想大系33),东京:岩波书店,1971 年,第 633 页。

③ 笔者所见《周易传义考异》有两种,均为天理大学古义堂文库所藏。两种版本都不完整,一为《周易传义考异首卷》,绪氏写本,至《屯》卦九五终,注《彖》《象》《文言》;一为《周易传义考异》七卷三册缺本。第一册注《剥》卦到《睽》卦,第二册注《蹇》卦到《归妹》卦,第三册注《丰》卦到《未济》卦及《系辞》,为东涯子伊藤善韶的写本。关于成书,《古义堂遗书总目叙释》(收于《古义堂文库目录》,天理:天理大学出版社,1956 年,第 40 页)中有进一步说明:"此先子录传义合刻本之上帧者,韶今新写以为别本,其名传义考异者,先子所命。先子将为别本而预立其号也。世所传写有东涯先生易说者即此书之未全者耳。此书中亦有义解,有语原,既名考异,则当语原削去而留传义之上帧。"据《叙释》说明,《传义》独立成书最早的版本应为伊藤善韶的写本。此外,笔者在东京国立国会图书馆发现伊藤长坚(号兰嵎,东涯弟)《易考异》写本一册,此本至《颐》卦终。与前两本对照,内容上略有出入,如与绪氏本相比,少开头《易传序》一篇。应为《周易传义考异》在流传过程中一种不完整的抄本。

④ 关西大学内藤文库藏,伊藤善韶抄本。文末题有"元禄庚长腾月十七日京兆伊藤长胤原藏甫识",据《年谱》,元禄年间无庚长年。又,元禄十三年(1700)为庚辰年,疑"长"为"辰"之误。滨久雄《伊藤东涯の易学》一文以《读易私说》作于元禄十六年(1703),不知所据。《读易私说》中包含了东涯相关易论二十一条(其中"论传注异同"条存其目而无正文),如"论重卦""论重卦之人""论彖之次第"等。末尾还有附论三篇,分别为《复见天地之心说》《十翼非孔子之作辨》及《用九用六说又名著卦辨疑》,皆是研究东涯易学思想的重要资料。

卦变考》①《读易图例》②《周易讲义》③《太极图说十论》《太极图说管见》与《通书管见》④等。

二 东涯的易学思想

井上哲次郎名著《日本古学派之哲学》⑤中评价东涯学术时曾道：

> 东涯为父师仁斋思想所桎梏，毫无自家创见，道学相关著书虽有十有余种，而未曾于仁斋学说以外放一异彩。

井上的看法从哲学的立场出发，认为东涯的思想只是对仁斋古学思想的继承，缺乏发展与创见。这一评价也直接影响了后世研究者对东涯

---

① 关西大学泊园文库藏本。《周易义例卦变考》为《周易义例考》与《周易卦变考》的合本。《周易义例考》是对易经及程朱传义中若干基本概念的略解。如"凡卦自下而上，故第一爻名之曰初"，"凡程传云卦才者即本义所云卦体、卦德也"等。《周易卦变考》则为东涯相对程朱所提出的新卦变说。此书成于宝永元年甲申之春，东涯时年三十五。《卦变考序》云："因以此说问于家君，乃曰：此说亦有理，熟复以成其说。故今举二十卦象辞以述管见。"

② 关西大学泊园文库藏本。《读易图例》是将易经的基础知识及易学史的基本内容用图表的方式加以表现。其书之作，或是方便易学初学者入门。其中包括三易之图，郑玄王弼程子朱子诸家易说要领之图，象象经传图、以卦配月图、变爻占辞图等。

③ 国立国会图书馆藏本，又名《东涯先生易经讲义》。《周易讲义》是古义塾内教授易经时的讲义。如起首讲"周易程子传序"，其中对《序》内"广大悉备""顺性命之理"等要点加以串讲，主要仍是引用程朱易说加以剖析。至《乾》卦"时乘六龙"辞终。

④ 《太极图说十论》《太极图说管见》《通书管见》则是东涯对周敦颐易学及其与朱子易学异同所作诸论。可见东涯易学中除围绕传义分辨程朱之异同，还围绕《太极图说》分辨了周朱易学之异同。前两篇现收于《伊藤仁斋·伊藤东涯》（收于《日本教育思想大系》，东京：日本图书センター，1979 年）。《通书管见》为关西大学图书馆藏本。

⑤ 井上哲次郎：《日本古学派之哲学》，东京：富山房，1926 年，第 380 页。原文为日文，引文系笔者自译。

思想的基本看法。从易学方面来说,东涯的《周易经翼通解》尽管是仁斋《周易古义》的"绍述"之作,但《通解》相较《古义》,更加整备充实。东涯虽继承了仁斋易学的主要精神与观点,同时承继了仁斋长于内证的研究方式,但与仁斋不同的是,一方面,东涯引入了经学史的视野,将古学易学的基本观点纳入到整个易学史的内在脉络中加以分析。较之仁斋,其说更加缜密精确;另一方面,东涯还研讨了仁斋易学中少有涉及的象数方面的内容,从而使得古学易学在义理象数两端都得以充实。在此基础上,东涯所著多种易作中对于易学基本知识的入门详解,对于易学流派的辨析梳理以及与象数有关的卦变、正策余策诸说等,无一不是对于仁斋易学的发展、推进与完善。因此,单就易学而言,可以说,仁斋开启了古学易学的端始,而由东涯得以焕发异彩。

1.《易》为义理之书

关于《周易》的内容与性质,仁斋曾提出"古者易有二家"说,严分儒家之易与卜筮之易。仁斋认为:《周易》经传可分作两个部分,即代表儒家之易的《彖》《象》《文言》与代表卜筮之易的周易经传的其他部分;儒家之易言义,卜筮家之易言利,二者不可相杂。从古学派的学问特点来讲,仁斋在诸多儒家经典中最为重视《论语》。《论语》中的说法也是仁斋判断、去取其他经典的根本依据。《论语》云:"君子喻于义,小人喻于利",其中褒君子而斥小人、重义轻利的原则也被仁斋用来强调《易经》中与君子之义相关的儒家之易的部分。在仁斋看来,儒家之易才是《易经》能够列为六经之一的根据所在,也是《易经》中真正有意义和价值的部分。因而,仁斋判定《易经》性质为义理之书。他说:"若以《易》为卜筮之书,则是《易》为小人谋,而非君子谋也。"①

东涯继承了仁斋关于《易经》内容与性质的基本看法,并援引《论

---

① 伊藤仁斋:《易经古义》,收于《日本儒林丛书五》,关仪一郎编纂,东京:凤出版,1972年,第5页。

语》中"加我数年以学易"条进一步佐证曰:

> 《论语》曰:加我数年,五十以学《易》,可以无大过矣。故知孔子之言《易》,不以为卜筮之书,而以为义理之书。倘使之卜筮之书耶,则分卦揲归之法,固不待假数年而学也。盖日中则昃,月盈则亏,此理之常也。故《易》之为教,贵谦中而戒盈满,喜中正而忌亢极,所以谓之学也。然当时未甚盛行,不必《诗》《书》执礼之可雅言也。故假之数年,领会其教,则应事接物,岂有悔尤之至,此所以为无大过也。然则今日为易者,当处夫子之言,以为义理之书刻矣。①

但在对待卜筮的态度上,东涯与仁斋却有所不同。仁斋在区分儒家之易与卜筮之易时,将义理与卜筮看作是绝对矛盾、不能相杂,即"从义则不欲用卜筮,用卜筮则不得不舍义"②。其用意固然是强调习易者应勉力于儒家之易中的义理部分,成就君子之德行,而非专意于卜筮孜孜以求自身吉凶祸福。东涯却认为:自古以来易学便有卜筮义理二端,应当历史地承认卜筮原本就是易学中的一部分。在东涯看来,孔子虽以《易》为义理之书,但上古圣人用卜筮有其历史的原因,同时,卜筮也在当时发挥了相当的功能:

> 上世典籍罕少,而教戒未详。故当时之人,有事则卜以决嫌疑,无事则玩以习义理。夫子已前,从来有此二端。故《系辞》曰:居则观其象而玩其辞,动则观其变而玩其占。是也。③

---

① 《读易私说》,内藤文库本,"论孔子以义理说易"条。
② 《易经古义》,第5页。
③ 伊藤长胤:《周易经翼通解释例》,收于《汉文大系·周易》,星野恒校订,东京:富山房,1913年,第1页。

就仁斋所担忧的卜筮使人趋利忘义而言,东涯认为:卜筮时所用易中爻辞固然言吉凶、利不利,使人就利而避害,但并非不问是非,而唯利是择:

> 《易》本卜筮之书,非教法之典,故诸爻每言吉凶利不利,使人就利而远害,然亦非不问是非,而唯利是择。见可而进,知难而退,勤勉崎岖以成其事。所谓与人子言,依于孝。与人弟言,依于顺。与人臣言,依于忠之类耳。此易之道也。①

2.《十翼》非孔子作

"《十翼》非孔子作"是仁斋易学中另一具代表性的观点。仁斋认为:《彖》《象》之作,出于孔子之前;就《系辞》《说卦》而言,其内容也相互抵牾,非同出于一手。关于《十翼》成立的具体时代与作者,仁斋认为已不可考。仁斋的这一说法,在江户时代就受到一些儒者的批评。如宽政年间朱子学者柴野栗山言:

> 中世伊藤源助者出,其性恶高远微妙之言,其所好则平实卑近;又厌时流刚愎偏滞高谈自诩者之为,凡古书说天道性命者,自《易》《中庸》举而斥之非孔氏之书。②

然而,仁斋的这一论断在东涯处却得到了充实详尽的发挥。东涯中年所著《读易私说》附论中便有专篇《十翼非孔子之作辨》,其中列举了十三条"《十翼》非孔子作"的理由。其晚年所著《周易经翼通解》的《释

---

① 伊藤长胤:《周易经翼通解释例》,收于《汉文大系·周易》,星野恒校订,东京:富山房,1913年,第1页。
② 柴野栗山:《栗山文集》,关西大学图书馆藏,天保十四年刊本,卷三。

例》亦有四条专论及此。日本现代学者伊东伦厚在《伊藤东涯の〈周易〉十翼批判》曾详细介绍了东涯的对于《十翼》非孔子作的看法。概言之,东涯的"《十翼》批判"包含有四方面的内容:

第一,从易学史的角度来说,夫子晚而好易,韦编三绝,作《彖》《象》《说卦》《文言》之说出自史迁,后世以《十翼》为孔子所作的根据在此。尔后唯有欧阳修《易童子问》中对此提出过怀疑。赵南塘、陆象山虽亦有疑,但其说不传;

第二,从孔门后学来说,子思孟子不言夫子赞《易》。《论语》中门人弟子记载"子所雅言"者唯《诗》《书》。《系辞》专尚卜筮,异于夫子雅言;

第三,从《周易》经传来说,《十翼》中有义理卜筮二家之说,且《彖》《象》异旨,《说卦》《杂卦》《序卦》不似孔子之书;《十翼》中屡称神农伏羲与子思所言孔子祖述尧舜之旨异;《系辞》《说卦》每双举仁义,且配天之阴阳,地之刚柔,而儒典中自《孟子》开始才常有仁义对举;《左传》中有韩宣子适鲁观《象》,在孔子赞《易》之前。《乾》之四德,亦本出自穆姜之语;

第四,从儒家教义而言,"精气游魂"之说有违圣人不语怪之旨;"尺蠖之屈"之说本老子之旨。

经过伊藤氏两代的考辨,"《十翼》非孔子作"成为了古学易学中尤为引人注目的观点。东涯在《十翼非孔子之作辨》后曾曰:"予既著此辨,此其与先儒之说异,不欲传之于人。"在江户时代尊崇圣经的儒学氛围下,东涯的《十翼》批评确实有些骇人听闻。虽有宋代欧阳修等人立说在前,但就整个易学史来说,"非孔子作"说也不占主流。前引柴野栗山对仁斋的严厉批评也证明了东涯"不欲传之于人"中所包含的担忧是不无道理的。但对东涯来说,就这一充满争议性的观点"不得不辨"的原因恰恰是出于对圣人之学的尊崇与维护。东涯说:

苟夫宗圣人之道而信圣人之言,则凡其异乎此焉者,自当判然矣。自汉诸儒，非不宗圣人之道也，非不信圣人之道也。然不以《论》《孟》二书为足尽圣人之言，不以仁义忠信为足蔽圣人之道，于是乎求之于高，探之于远，遂致使假托之书，加诸《语》《孟》之上，则予固不得不辨。如太极穷理等语，自后世言之，则固学问之宗脑也。而孔门诸子，未尝有举而问者，孟子七篇，亦未尝示之于人也。公心论之，亦下大可怪之甚也乎？吾唯知有论语而已矣。知有孟子而已矣，以二书为准，则知《十翼》非孔子之书，断然不可疑也。①

可见，东涯确信"《十翼》非孔子作"的信心实际根源自仁斋所奠定的古学立场：以《论》《孟》二书为足尽圣人之言，以仁义忠信为足蔽圣人之道。中国自汉代以后，以《易》为"群经之首"，宋代理学更是以《十翼》为依据，提出"太极""穷理"诸说。在东涯看来，这些都是置《论》《孟》的根本经典地位与教义于不顾，是对孔孟之学的违背。因此，东涯的看法实际上是从古学立场出发的结果——以《论》《孟》为准，其中并无"太极""穷理"的讨论，因此"《十翼》非孔子作"断然无疑。

3. 象数诸说

仁斋以《易》为义理之书，因此，其易学崇义理而斥卜筮。《易经古义》与《大象解》中对于易经经文的解释也多从义理出发。东涯虽以《易》为义理之书，但崇义理而不废卜筮。所以，东涯的易学中有许多关于易学象数问题的讨论。其中，卦变说与正策、余策说是东涯针对程朱易学在象数方面所提出的见解。

(1) 卦变说

东涯关于卦变说的讨论见于《周易卦变考》《读易私说》以及《周易

---

① 《读易私说》，附"十翼非孔子作辨"条。

经翼通解释例》等处。《释例》①中总结其卦变说时云：

  《彖》中言刚柔往来者，凡二十许卦。先儒谓之卦变。诸家说不同。程子谓六十四卦，皆自乾坤而变。朱子谓六十四卦互相往来，以两卦阴阳二爻换位而言。……予尝妄意，六十四卦之序，自乾至未济，皆两卦反对相立以叙。《彖》言卦变，皆两卦反对中，自相往来耳。假如随自蛊来，蛊自随来。泰自否来，否自泰来。刚柔二爻，或自内往外，或自外往内。《彖》每由此取义。

卦变所指的是《易经》《彖》传所言"刚柔往来者"，如《泰》卦《彖》云："小往大来"；《否》卦《彖》云："大往小来"等，实际上讲的是《彖》传中所言卦与卦间变化生成的关系。在这里，东涯首先区分了程朱卦变说的不同。程颐的卦变说认为六十四卦都是从《乾》《坤》两卦变化而来。如《周易程氏传》②中解释《随》卦：

  以卦变言之，乾之上来居坤之下，坤之初往居乾之上。阳来下于阴也，以阳下阴，阴必说随，为随之义。

朱子卦变说则本于宋初李之才的《六十四卦相生图》。《周易本义》前《易九图》中有《卦变图》③。《图》中朱子解释卦变说：

  凡一阴一阳之卦各六，皆自复、姤而来。凡二阴二阳之卦各十有五，皆自临、遯而来。凡三阴三阳之卦各二十，皆自泰、否而来。凡四阴四阳之卦各十有五，皆自大壮、观而来。凡五阴五阳之卦各

---

① 《周易通解释例》，第10—11页。
② 程颐：《周易程氏传》，收于《二程集》，北京：中华书局，1981年，第783页。
③ 朱熹：《周易本义》，北京：中华书局，2009年，第18—28页。

六,皆自夬、剥而来。

朱子以乾坤两卦第一次相交,生出姤、复两卦;姤为五阳一阴之卦,五变生出五卦;复为五阴一阳之卦,五变又生出五卦。因此,"一阴一阳之卦各六,皆自复、姤而来"。其他诸变皆可依此类推。《本义》上经三十卦中,朱子释卦变者共有九卦,如《本义》解《随》卦:"以卦变言之,本自困卦九来居初,又自噬嗑卦九来居五,而自未济来者,兼此二变,皆刚来随柔之义"①。随卦与困卦、噬嗑卦、未济卦皆为三阴三阳爻之卦,朱子卦变说所阐明的便是同阴同阳卦中阴阳相邻易位的原则,随卦或是困卦初六与九二相邻互易而来,即"自困卦九来居初",或是噬嗑卦六五与上九相邻互易而来,即"噬嗑卦九来居五",或是未济卦初六与九二、六五与上九同时相邻互易,即"自未济来者,兼此二变"。可见,朱子根据李之才的图示,解决了《象传》所言卦变中卦与卦之间生成变化的规律问题,但《本义》却并没有以之通贯解释六十四卦整体,而是以《象传》为准,就其中涉及卦变处随文解释。并且,朱子强调,卦变只是"《易》中之一义"。

针对以上程朱的卦变说,东涯提出了自己的看法:"《象》言卦变,皆两卦反对中,自相往来耳。"《周易卦变考》中,东涯对此说有进一步说明:

> 盖六十四卦自乾坤至既济未济皆二卦反对相副以叙。六十四卦番转只是三十二卦,其中不可倒转者乾坤坎离中孚小过颐大过八卦耳。说卦变者皆以其反对错而说之。如无妄大畜蹇解等尤可见矣。

东涯认为:六十四卦皆两两相副反对翻转而来。如《无妄》卦,上

---

① 《周易本义》,第90页。

乾下震,翻转成上艮下乾,为《大畜》卦。因此,六十四卦可看作是由三十二卦翻转而来。在六十四卦中,只有乾、坤、坎、离、中孚、小过、颐、大过八卦倒转后与原卦相同,其余五十六卦皆两两相覆而成。① 而《彖》中所言卦变,刚柔内外往来诸说皆发生在两反对卦中。

（2）正策、余策说

东涯的正策、余策说则源于对于爻数七、八、九、六的讨论。东涯曰:"所谓九六云者,实开卷第一义。"② 七、八、九、六是揲蓍成卦时的定爻之数。七、九为阳数,六、八为阴数。九为老阳,六为老阴,七为少阳,八为少阴。老变而少不变。需要表明的是,正策、余策之说并非是东涯的独立发明。就江户时代的易数讨论而言,大多是从朱子《周易本义》与《易学启蒙》出发。而东涯此说,则是在综合汉晋唐宋易学诸家之说的基础上,对朱子《本义》《启蒙》中相应说法的驳斥。

揲蓍成卦之说出自《易系辞》:

> 大衍之数五十,其用四十有九。分而为二以象两,挂一以象三,揲之以四以象四时,归奇於扐以象闰,五岁再闰,故再扐而后挂。乾之策,二百一十有六,坤之策,百四是有四,凡三百有六十,当期之日。二篇之策,万有一千五百二十,当万物之数也。是故四营而成易,十有八变而成卦,八卦而小成。引而伸之,触类而长之,天下之能事毕矣。

这一过程所讲的是如何从大衍之数演绎出《易》中六十四卦的过程,也是卜筮中如何用蓍草挂揲成卦的过程。朱子在《易学启蒙·明

---

① 按,东涯的卦变说与明代来知德的"错综成卦"之说相同。东涯在《通解释例》中也提到了这一点:"后阅明来知德易解,适与予说符。谓之卦综,取错综之义也。……人之所见,或偶相会。固不分古今彼此也。"可知卦变说是东涯精研易学的独立发明。

② 《读易私说》,附"用九用六说"条。

蓍策第三》①中对此有详细解释。依《启蒙》说：首先，取蓍草五十茎为一握，置其一不用以象太极，所用之策四十九以象两仪体具而未分之时（"大衍之数五十，其用四十有九"）；其次，将四十九策信手中分，各置一手，以象两仪。挂右手一策于左手小指之间，以象三才。然后以四揲左手之策，以象四时，而归其余数于左手第四指间，以象闰。又以四揲右手之策，而再归其余数于左手第三指间，以象再闰。（"分而为二以象两，挂一以象三，揲之以四以象四时，五岁再闰，归奇於扐以象闰，故再扐而后挂"）至此，称作"一变"。"一变"之后的挂扐之数只有两个可能，一为五，一为九。"一变"之后，除前余数，将剩下的策数（或四十，或四十四），分、挂、揲、归如前，称作"二变"，"二变"的挂扐之数也只有两个可能，一为四，一为八。"二变"之后，除去前两次卦扐之数，将剩下的策数（或四十，或三十六，或三十二）分、卦、揲、归如前，称作"三变"。"三变"卦扐之数的情况与"二变"相同，非四即八。"三变"完成后，"三变"中的挂扐之数共有四种情况：四、五、八、九。其中，四、五中只含有一个四，故，四、五为奇数，八、九中含两个四，故八、九为偶数。若"三变"之后，挂扐数皆为奇数，如五、四、四，则挂扐和数为十三，定此爻为老阳（九）；若挂扐数皆为偶数，如九、八、八，则挂扐和数为二十五，定此爻为老阴（六）；若卦扐数为一奇二偶，如五、八、八，则挂扐和数为二十一，定此爻为少阳（七）；若挂扐数为一偶二奇，如九、四、四，则挂扐和数为十七，定此爻为少阴（八）。一卦有六爻，需要十有八变才能成一卦。（十有八变而成卦。）每爻皆以挂扐之数定阴阳老少。朱子说：

> 挂扐之数，乃七八九六之原。而过揲之数，乃七八九六之委。其势又有轻重之不同。而或者乃欲废置挂扐，而独以过揲之数为

---

① 朱熹：《易学启蒙》，收于《朱子全书》第一册，朱杰人等主编，上海：上海古籍出版社；合肥：安徽教育出版社，2002年，第246页。

断,则是舍本而取末,去约以就繁,而不知其不可也,岂不误哉!①

因此,在朱子的象数思想中,以挂扐之数,为七八九六之"原"。"原"有本原,根源之意。挂扐的余数,朱子称作"过揲之数",为七八九六之"委"。"委"在这里与"原"相对,有末、尾的意思。"其势又有轻重不同""舍本而取末"诸说依朱子的意思,当是强调挂扐之数处于更加重要、更为根本的地位。

东涯对揲蓍成卦的解释主要见于《通解释例》与《读易私说》附论《用九用六说》。《通解释例》②曰:

> 七八九六之数,本起于蓍策,大衍之数五十,其用四十有九。左右平分,三变之后,四揲所得者,其别凡四,是为正策。或得二十八策,四之则为七;或得三十二策,四之则为八;或得三十六策,四之则为九;或得二十四策,四之则为六。七为少阳,八为少阴,九为老阳,六为老阴,是为四象。系辞所谓四揲之以象四时者是也。其挂扐之策,少阳则二十一策,老阳则十三策,少阴则十七策,老阴则二十五策,是为余策。系辞所谓归余于扐以象闰者是也。

同朱子之说相比较,东涯说最大的不同在于最后成爻阶段,朱子说以挂扐之数以定一爻之阴阳老少,东涯则以揲蓍后除挂扐之外的余数即朱子所说的"过揲之数"以定一爻之阴阳老少。③ "三变"之后的挂扐和数有十三、十七、二十一、二十五,相应地,其余数即过揲之数有三十六、三十二、二十八、二十四。东涯认为:过揲之数才是正策,而挂扐

---

① 《易学启蒙》,第253—254页。
② 《周易经翼通解释例》,第11页。
③ 按,正策、余策对举的说法朱子很少使用。朱子经常使用的是以"揲策"与"余策"对举。

之数应为余策。正策四揲之后而为九、六、七、八,这才是爻数更为根本的来源。

在《用九用六说》中,东涯还进一步阐明了其正策说的根据:只有以过揲之策为正策,才能解释《系辞》中"乾之策"一句。《乾》卦以老阳的正策计算,一卦六爻,以三十六策乘以六,才能得二百一十六策。故能曰"乾之策二百一十有六"。同样道理,《坤》卦以老阴的策数即二十四计算,乘以六,才能得一百四十四策,故能曰"坤之策,百四十有四"。合《乾》《坤》两卦之策共得三百六十,当一年三百六十天之数,故曰:"凡三百有六十,当期之日"。若以挂扐之策而言,则"乾之策"七十八,"坤之策"百五十,显然与《系辞》原说不符。并且,东涯还指出:朱子引孔颖达《周易正义》中"过揲"之"过",当作"遇"字①。过揲之说乃朱子引字讹误。因此,过揲之策当为"遇揲之策"。东涯说:

> 其六遇揲九遇揲云者,言六遇四揲之数,九遇四揲之数也。谓之遇者,犹遇卦之遇,适当之谓,以此为蓍策之本数,可知矣。②

从易学史上来讲,东涯的"遇揲之策"为正策说实际上是继承了汉唐以来的观点。这一说法是与《系辞》原文相符的。但朱子为何提出挂扐之数说,并认为"废置挂扐,而独以过揲之数为断"是"舍本而取末,去约以就繁"呢?东涯敏锐地察觉到:"朱子深信河图洛书,故不欲言七八九六之数出于蓍策。"③在《周易本义》中,朱子注"大衍之数"曰:"大衍之数五十,盖以河图中宫天五乘地十而得之。"④认为大衍之

---

① 翻检王弼注,孔颖达疏:《周易正义》,收于《十三经注疏本》,北京:北京大学出版社,2000年,第3页中"以揲蓍之数,九遇揲则得老阳,六遇揲则得老阴",唐人确无过揲之说。朱子《蓍卦考误》(《朱子全书》,第3221页)引《正义》误作"过揲说"。
② 《读易私说》,"用九用六说"条。
③ 同上。
④ 《周易本义》,第234页。

数出于河图。又曰:"凡此策数生于四象。盖河图四面,太阳居一而连九,少阴居二而连八,少阴居三而连七,太阴居四而连六。"①将策数的生成内在根据于河图的四象。《启蒙》开首立《本图书第一》也表明《启蒙》中的象数之学实际是奠定在河图洛书的理论基础之上。关于河图洛书,东涯认为:河洛之说虽见于《系辞》《尚书·周书·顾命》及《论语》,但汉唐易学的传承中未见其说,只有道家的一些说法与之相合,"其为唐宋之际,道家之所伪撰"②。由此可以看出:朱子强调挂扐之数的根源性,是为了将揲蓍成卦的过程与河图洛书的理论相融合,从而完成其象数理论内部的沟通与统一;而东涯辨明遇揲之数、强调正策之说,则是反对朱子将属于"道家之说"的河图洛书作为易学象数的理论根据。

三 易学中的古学问题

从易学与古学的关系来看,仁斋晚年注《易》最重要的一点在于通过易学构建了一套具有古学特点的本体论。他以生生不已的太极元气为本体,对佛家的空幻,道家的虚无以及《太极图说》中以理为根本的宇宙发生论进行了彻底的批判③。东涯则在继承仁斋太极元气说的基础上,对古学的心性论与工夫论进一步加以推进。不难想见,东涯在相关方面的成说同样是针对佛老与程朱之说,但颇具意趣是,在《周易经翼通解》中,东涯这一目标的实现首先是通过对解经原则的巧妙发挥来完成的。

---

① 《周易本义》,第235页。
② 《读易私说》,"论河图洛书"条。
③ 参见本书第二章。

1. 诠释与心体

东涯在《通解》中的解经原则与仁斋"古者易有二家"之说紧密相连。仁斋将《周易》的内容区分为义理（儒家之易）与卜筮（卜筮家之易）两部分，并以二者不可相杂，实际上使得对于周易辞句的理解、解释出现了某种根本性的变化。这一变化在东涯的解经原则中表现为解释上的单义性，即讲卜筮者，则不能讲义理；反之，讲义理者，也不能讲卜筮。也就是说，一个辞句，或讲义理，或讲卜筮，但不可能同时兼包义理与卜筮两个层次的内容。

现代学者朱伯崑关于《易传》的解释曾提出"两套语言"的说法，可以为我们理解东涯的解经原则提供一个参照。朱先生认为：

> 《易传》中有两套语言：一是关于占筮的语言，一是哲学语言。有些辞句只是解释筮法，有些辞句是作者用来论述自己的哲学观点，有些辞句则二者兼而有之。……从易学史上来看，对《易传》的解释也存在两种倾向。一种倾向是偏重从筮法的角度解释其中的哲学问题。……另一种倾向是偏重从哲理的角度解释其中的筮法问题。①

朱先生的这一看法与东涯相比较，相同的是二者都认为《周易》经传中的内容包含义理与卜筮两个方面。但值得注意的是，在朱先生"两套语言"的观点中，"有些辞句则二者兼而有之"，也就是说，有些辞句是既讲卜筮，又讲义理的。但在东涯的解经原则中，这一理解、解释上的多义性则被排除在外。如在对《系辞》"易无思也，无为也。寂然不动，感而遂通天下之故"一句的解释中，东涯说：

---

① 朱伯崑：《易学哲学史》，北京：华夏出版社，1995年，第53页。

> 蓍筴之未筮也。无思则无心矣，无为则无迹矣，故寂然不动，其宜若无所为。而及其既筮也。天下之事，感而通之，各有所当，此至神之所为也。①

在东涯看来，这句只是讲卜筮前后的情况：寂然不动，讲的是未筮前；感而遂通，讲的是已筮之后。《通解释例》中，东涯还尤为突出地强调：

> 寂感道器之说，则以蓍策言，而非语道之体用也。②

相较于朱子在《本义》中的解释：

> 易，指蓍卦，无思无为，言其无心也。寂然者，感之体；感通者，寂之用。人心之妙，其动静亦如此。③

可以看到朱子解释前半段与东涯的解释一致，都认为这句话是讲卜筮前后的状况。需注意的是朱子解释的后半句"人心之妙，其动静亦如此"。在这里，朱子将蓍卦的动静与人心动静关联在一起，认为其内在的道理是一致的。也就是说，"寂然不动，感而遂通"不仅是指卜筮前后的状态，同样还可以理解为人心理活动时的不同阶段或状态。《语类》中朱子说：

> 寂然不动，感而遂通之下之故，与穷理尽性以至于命，本是说《易》，不是说人。诸家皆是借来就人上说，亦通。④

---

① 《周易经翼通解》，卷十七，第22页。
② 《周易通解释例》，第6页。
③ 《周易本义》，第238页。
④ 朱熹：《朱子语类》，收于《朱子全书》，第2556页。

由此可见，朱子承认《易》经解释时理解的多义性。因此，就"寂然不动"一句而言，朱子在解释为蓍卦状态的同时，还将之理解为其心性论的经典依据。朱子思想中，与"寂感"相关心性的讨论通常是与《中庸》"已发未发"的问题联系在一起，他曾说：

> ……思虑未萌、事物未至之时为喜怒哀乐之未发，当此之时即是心体流行寂然不动之处，而天命之性体段具焉。①

此处，朱子以思虑未萌，事物未至时为"未发"，为心体流行时"寂然不动"的状态，即前所言人心之"静"；相应的，思虑已萌，事物来至时为"已发"，为心体流行时"感而遂通"的状态，即人心之"动"。需注意的是，"心体流行"之说表明朱子认为心一直在不间断地发挥着作用。因此，在心体"寂然不动"或"静"时，心的知觉活动并没有停止，但此时心的作用并没有主动发挥，因其没有同外界的事物相接触，所以也没有被动的反应；心体"感而遂通"，则是指心与外界事物相接触、相作用后通达的状态。朱子此处关于心之寂感、动静的认知，在朱子哲学的研究中一般视为其在"己丑之悟"后的看法②。此前三年"丙戌之悟"时，朱子因早年受程颐、胡宏学派的影响，认为心总是已发，而以性为未发。通过"己丑之悟"对于心性问题的重新讨论，朱子不仅明确提出性为未发、为心之体；情为已发、为心之用的"心统性情"说，使得《易》之"寂感"、《中庸》之"已发未发"说在心性论的层次上得以一贯；同时，正如陈来先生③所指出的：朱子对于心体流行时寂然不动状态的肯定，即对于未发阶段或人心之"静"的肯定，也给予了静中涵养的工夫以地位。

---

① 朱熹：《已发未发说》，《晦庵先生朱文公文集》，收于《朱子全书》，第3267页。
② 本段讨论详见陈来：《朱子哲学研究》，上海：华东师范大学出版社，2000年，第157页，第七章"已发未发"中的讨论。
③ 详见陈来：《宋明理学》，沈阳：辽宁教育出版社，1992年，第134页。

因为,如果心任何时候都是已发,人的工夫便只是已发上用功,就容易只注意明显的意识活动的修养;而只有确认了思虑未萌的未发意义,才可以使人注意从事未发时的修养。从这种心性论出发,朱子把人的修养分作两个方面:一种是未发工夫,即主敬涵养;一种是已发工夫,即格物致知。

因此,朱子通过对《易》"寂然不动"一句在两种层面的解释把"寂感"从描述蓍卦的过程发展为描述心之动静、体用的过程,从而为其心性论乃至工夫论奠定了经典上的依据。而东涯在解经原则上对于单义性的发挥,特别是对寂感之说只可以理解为"以蓍策言"的强调,其用意显然是为了通过对诠释原则的调整从而否认朱子思想的这一展开方式,即将寂感之说作为心性、工夫依据的可能。但这样做还不足以对朱子的心性、工夫论构成彻底的挑战,因此,东涯又以太极元气论为基础,正面提出了古学派的心性论与工夫论。

2. 本体与工夫

在本体论方面,东涯继承了仁斋的太极元气说,其论"太极"说:

> 所谓太极者,乃指一元气流行古今,发育万物者以为言。而不可向上面别求所以然之理也必矣。①

东涯所谓"不可向上面别求所以然之理",指的是程颐对《系辞》"一阴一阳之谓道"的解释。程颐认为,阴阳指气言,其中有一种支配它如此运动的内在根据,便是道。但"气是形而下者,道是形而上者"②,因此,程颐提出"所以一阴一阳,道也"③,把道作为二气往来运行所以然

---

① 《周易经翼通解》,《系辞上》,第 27 页。
② 《遗书》,卷十五,《二程集》,第 162 页。
③ 《遗书》,卷三,《二程集》,第 67 页。

的根据和规律。程颐这里的道可以理解作太极或理。在他看来,理是阴阳二气进而也是万事万物的本质和根源。程颐的看法后来为朱子所继承。但东涯承自仁斋的本体论便是针对这一"理本论"而提出的。在东涯看来,太极元气已然是万物的本体和根源,不存在更高的超越者。太极元气分生而成阴阳二气,阴阳二气继而化生人与万物。作为万物本体的太极元气,其特质是生生不已、动动不已。相应地,人的心性与修养工夫同样也奠基于这一太极元气的本体与特质之上。

关于"性",东涯认为:

> 性者,人生禀受之名也。凡人之为生,自耳目口鼻之欲,以至昏明强弱之差,嗜好癖疾之偏,皆其所生来禀受各自不同,名之曰性。①

在探讨太极元气时,东涯是将太极元气作为一个整体来看待,并没有对太极元气本身作出区分。东涯的气本论中,看不到如张载那样对于"太虚"与气的分别。因此,"性"在东涯这里被看作是人现实所禀受的气的全体。人的欲望,智愚、嗜好等等都包括在内。孟子所言性善,在东涯看来,也是专就气质而言:"今玩孟子之旨,其所谓善者,亦就气质上认善,而非外气质而为言也。"②但如何从气质上认善呢?东涯依据《孟子·告子上》中"乃若其情则可以为善,乃所谓善也"一句,提出"因情知性"说。他认为:

> 情也者,性之欲而人心之不涉思虑安排者也,不唯善心,凡人

---

① 伊藤东涯:《辨疑录》,收于《伊藤仁斋·伊藤东涯》,《大日本思想全集》第4册,东京:大日本思想全集刊行会,1932年,第352—359页。

② 伊藤东涯:《古学指要》,收于《伊藤仁斋·伊藤东涯》,《日本教育思想大系》,东京:日本图书センター,1979年,第3—4页。

之好色甘食以及欲富好货财等项,其性之所欲而不涉思虑安排者皆谓之情。天下之所同然,谓之同情;人心之所实然,谓之情实;而人之可为善,亦然。故孟子以此知性之善也。①

又说:

孟子以耳目口鼻之欲为性而亦必言性善,盖就耳目口鼻之欲而见其善也。②

情是人心不涉思虑安排者,是性的欲求的自然流露。因此,情是人心禀受的真实无伪、无所亏损的发显。从人情之可为善自然可以溯见人性之善。需要注意的是,东涯所言的"性"包括在理学中斥之为气、为欲的那一部分。他讲的"性善",并非是"天命之性"的本然之善或纯然之善,而是在人所禀受的气质全体中本有的包含着的善。

性是人所禀受的气质全体,由人心不涉安排、自然发显的情可以认知性,由人情可以为善而见性之善,这就构成了东涯心性论的一方面;东涯心性论的另一方面,则是对于"心"的认识。在东涯看来,心是专就思虑发动上而言。这一看法与程颐"凡言心者,指已发而言"相一致。《遗书》中曾记载了程颐与弟子苏季明间的一段答问:

(苏季明)曰:喜怒哀乐之未发之前求中可否。(程颐)曰:不可。既思于喜怒哀乐未发之前求之,又却是思也。既思即是已发。……

(程)曰:……贤且说静时如何。(苏)曰:谓之无物则不可,然

---

① 伊藤东涯:《古学指要》,收于《伊藤仁斋·伊藤东涯》,《日本教育思想大系》,东京:日本图书センター,1979年,第16页,"因情知性"说条。
② 《辨疑录》,卷二,第326页。

自有知觉处。(程)曰:既有知觉,却是动也。怎生言静?人说复其见天地之心,皆以谓至静能见天地之心,非也。复之卦下面一画便是动也,安得谓之静?……①

"复见天地之心"说出自《复》卦《彖》传。程颐解之为"一阳复于下,乃天地生物之心也。先儒皆以静为天地之心,盖不知动之端乃天地之心"②。苏季明所问是由《中庸》"中和说"所引发的"求中"的修养问题,在程颐看来,未发前求中的作法是错误的,因为既思未发前求中,就已经是思,是已发。程颐还从人心进而讨论至"天地之心",人心处于不停的知觉运动,由动方能知天地之心。程颐"心皆为已发"说得到了东涯的高度称赞,《读易私说·复见天地之心说》中,东涯称之为"程子吃紧为人之要语"。但是朱子对这段话的评价却截然相反。朱子认为,这段记载"最多谬误""乱道而误人"③。《中庸或问》④中,朱子说:

答苏季明之后章,记录多失本旨。答问不相对值。其言静时既有知觉,岂可言静,而引复以见天地之心为说,亦不可晓。盖当至静之时,但有能知觉者而未有所知觉也,故以为静中有物则可,而便以才思便是已发为比,则未可。

《复》卦《彖》传朱子曾解之为:"积阴之下,一阳复生。天地生物之心,几于灭息,而至此乃复,可见在人则为静极而动,恶极而善,本心几息而复见之端也。"⑤此解中,朱子以一阳之动表现于人心为"静极而动",强

---

① 《遗书》,卷十八,《二程集》,第200—201页。
② 《二程集》,第819页。
③ 朱熹:《中庸或问》,收于《朱子全书》第6册,第562页。
④ 同上。
⑤ 《周易本义》,第110页。

调"静极"状态的存在,从而认为程颐引说不可晓。"能有知觉而未有所知觉"是说心虽然处于不停的知觉之中,但由于没有外界客观事物的触发,即没有"所知觉",所以这时的心是处于至静的状态。朱子的这一看法显然是出于其己丑之悟以后,可以看出,他对心至静状态的描述与讨论"寂感"时强调心体流行、但思虑未萌的意义是一致的。

《复见天地之心说》中,东涯详细辨析了程、朱间的这一分歧,他说:"程子之意,专以动为天地之本心,朱子则以静为本。""程子于动上见道,而朱子之说乃祖周子于静上见道。"东涯并未察觉朱子在心性论上的前后变化,更没有认识到朱子所言静与周敦颐间的不同。在他看来,程、朱二说差异的根源是由于朱子接受与融合了周敦颐《太极图说》中的动静观与主静的立场。朱子《太极图说解》云:"圣人全动静之德而常本于静",是继承了《图说》所讲的"圣人定之以中正仁义而主静(自注:无欲故静)"。这一点上,作为周敦颐直传弟子的程颐反倒不同。

值得一提的是,程颐后来也意识到"心皆就已发言"与《中庸》"未发说"之间的矛盾。因而对此说法作了修正。他说:

"凡言心者,指已发而言",此固未当,心一也,有指体而言者(小注:寂然不动是也),有指用而言者(小注:感而遂通天下之故是也),惟观其所见如何耳。①

已发是心之用,即感而遂通。但心还有未发,有寂然不动,这是心之体。程颐用体用的关系重新划定了已发和未发,把寂然不动、未发作为心之体,这就给予了未发以存在的意义。尽管求中的思是已发,不可以求得未发的中,但程颐又提出了"涵养"的方式来代替求中之说:

---

① 《与吕大临论中书》,《二程集》,第609页。

> 若言存养于喜怒哀乐未发之时则可,若言求中于喜怒哀乐未发之前则不可。①
>
> 于喜怒哀乐未发之前更怎生求?只平日涵养便是。涵养久则喜怒哀乐发自中节。②

中是未发,所以,喜怒哀乐未发前和已发后都不可求。人只应在未发时"存养""涵养",便能保养未发之中,久熟之后,自然也有中节之和。

但程颐这一"心说"上的改变东涯同样也没有能够注意到。③ 他所肯定的仍然是程颐"心皆就已发言"说,强调动之端为天地之心,而人之心始终处于知觉的状态中。这与他在太极元气说中强调太极元气生生不已、动动不已的特质是关联在一起的。在他看来,不存在心之体,也不存在未发状态的心,他说:

> 先儒说心有已发未发之别,性有本然气质之异。然玩古者圣贤之书,性有气质之性,而无本然之性。心有已发之心,而无未发之心。④

心皆就已发言,性皆就气质说,加之"因情以见性",这就构成了东涯心性论的主要内容。在此基础上,东涯进一步提出了古学特色的工夫论:

---

① 《遗书》,卷十八,《二程集》,第200页。
② 同上书,第201页。
③ 正如本文所指出的,东涯对于程朱思想的理解并没有能够注意到其中的发展与变化。值得一提的还有仁斋对于朱子"理生气"思想前后变化的忽视。因此,伊藤两代对于程朱理学的理解中,实际上包含了很多误解。然而,正是这种误解,在古学思想的构建中发挥了极其重要的作用。
④ 《古学指要》卷上,第22页。

圣人之言性,有充养之方,而无复初之说。①

圣人之教人,其方固非一端,然莫非渐次积累以成其大也。《论语》首章乃曰:学而时习之,不亦说乎?有子亦曰:君子务本,本立而道生。曰习曰务。乃皆其事。而孟子括之曰扩充。……《孟子》曰:恻隐之心,仁之端也。善恶之心义之端也。又曰:仁人心也,义人路也,将以使人就其端,扩而充之,以成其德也。或曰崇德,曰徙义,曰积善,曰集义。其义一也。②

综上可以看到,程、朱虽然早年皆主张"心皆就已发言",但之后程颐以心之"体用"说对此作了修正,从而肯定了未发作为心之体的存在;而朱子则通过"己丑之悟"对于已发未发的重新界定,也肯定了心在未发意义上的存在。从工夫论上来讲,程颐以未发为心之体所确立的涵养工夫,即其所说的"涵养须用敬";而朱子通过对心体流行时寂然不动状态即未发或人心之"静"的重新诠释,实际上调整了周敦颐的"主静"说及其与程颐思想间的矛盾,从而在形式上完成了理学在"敬中涵养"工夫上的统一。"敬中涵养"的工夫所追求的是对喜怒哀乐未发之前、寂然不动的心之本体的体察与操存。未发的心之体在程朱看来,也是人秉承天命而来的本然之性;已发的心之用则是情。"敬中涵养"工夫之所以必要,是因为人性为气禀所拘,为情欲所蔽,应接事物之时,心体之澄明经常会被遮蔽。因此涵养心体,是为了在此心体被气禀情欲所遮蔽时,能够最终复其清明。这就是东涯所批评的"复初之说"。从东涯的本体论与心性论中,可以看到:心皆就已发言,意味着不存在思虑未萌时的心,也就是说心总是处于思虑发动之中,因而不存在寂然不动的心体;性皆就气质而言,

---

① 伊藤东涯:《复性辨》,收于《伊藤仁斋·伊藤东涯》,《日本教育思想大系》,东京:日本图书センター,1979年,第211页。

② 《复性辨》,第210页。

意味着无论是"性即理",还是"天命之性"所赋予的性的先天的道德善都不存在。性是人所禀受的太极元气的全体,气禀、情欲总是现实的人性的一部分。因而人的工夫不是去除气禀、情欲的遮蔽以复其初,而是因情知性,就人心自然流露的情的善端(如孟子所言恻隐之心)处不断充养、扩充,"渐次积累以成其大"。这也使得东涯的工夫论最终与古学最为重视的经典《论》《孟》中所谈及的"务""习""集义"等种种修养手段贯通起来。

最后,东涯还指出:

> 唯佛老之学,其说亦非一端,然莫不以反其初为说焉。故老氏欲绝仁义废礼乐,以反其无。佛氏欲绝欲息妄,超脱轮回,证其所谓本觉真如者,以到佛地。所以说还灭,说归真。至后世儒者之所道,则居伦理纲常为重,礼乐刑政为大。固已斥彼二氏之不足以为道矣。然其工夫欲去物欲,变气质,以复其初,则其所道虽异,而其手段未尝不同也。①

因为,在东涯看来,程朱理学虽然以辟佛老为己任,但从复初的工夫来看,程朱"去物欲、变气质,以复其初"的修养方式却非儒家正统,恰恰是汲取了佛老修养的思路与手段。

明治时期的学者星野恒曾将东涯的《周易经翼通解》称作江户时代易著中的"翘楚"②。武内义雄在《易と中庸の研究》中也极度推崇东涯关于"《十翼》非孔子作"的考辨对他在易学研究上的启发性作用③。可以说,东涯关于孔子与"十翼"间关系的看法直接笼罩了近代以来日本易学研究中关于此问题的基本看法。

---

① 《复性辨》,第210页。
② 星野恒:《周易解题》,收于《汉文大系·周易》,东京:富山房,1913年,第5页。
③ 武内义雄:《易と中庸の研究》,东京:岩波书店,1943年,第2页。

东涯的易学研究以同程、朱易学的对话为中心。这也是江户时代易学展开的一个基本特点。但与仁斋以及其他诸多易学家不同的是，东涯易学最为深刻的意义，在于他察觉到："后世谈理，率祖乎易。"①东涯看到了理学思想的成立与展开与《易》经之间根源性的联系。这也构成了东涯易学研究的出发点。因此，在东涯的易学思想中，无论是对"《十翼》非孔子作"的发挥，还是对寂感纯以蓍策言的强调，乃至对太极元气说的展开与深化，东涯最终指向的都是一种对程朱易学——理学从根底处进行解构的努力。相应地，东涯通过对《易经》诠释原则的重新调整以及在此过程中对本体、心性与工夫诸论完整的重建，也为古学思想的挺立奠定了《论》《孟》之外的经典根据。

---

① 《周易经翼通解释例》，第5页。

第四章

易道与政道
——太宰春台的易学研究

在江户思想史的研究中,"古学"通常是指山鹿素行的古学、伊藤仁斋的古义学以及荻生徂徕的古文辞学。这三者的学问虽然各不相同,但都以复古为名,对作为江户儒学主体的朱子学提出了挑战。井上哲次郎在《日本古学派之哲学》的序言中曾说:"山鹿素行、伊藤仁斋及物徂徕之徒,欲反宋儒之蔽以求洙泗之真面目,慨然奋笔呵呼,使古圣人之道复明于世。"①但对于古学派来说,复古不仅是为了探明洙泗之真义,更是为了由此以开新——以复古的名义从朱子学中解放出来,从而获取对儒学新的认知与解释的可能;这一可能同时也为他们提供了观察与思考德川时代现实政治的独特基础。

古学派中,对儒学政治性强调最为突出的是荻生徂徕(1666—1728)②所创立的古文辞学派。据《先哲丛谈》③:徂徕"初服朱子说,及中年著《蘐园随笔》,尚护宋儒。后挺然一家见,痛驳性理,并攻仁斋"。

---

① 井上哲次郎:《日本古学派之哲学》,东京:富山房,1926年,第2—3页。原文为日文,引文系笔者自译。值得一提的是,此三人早年都曾服膺宋儒之学。素行庚子(1660)年间仍"专以周、程、张、朱之学为学",到宽文三年(1663)才改变学问方向。(《山鹿素行语类序》)仁斋初奉宋儒,著《太极论》《性善论》等,三十七岁之后方才转变。(《行状》)徂徕见后文。

② 荻生徂徕又称物茂卿,名双松,小字总右门卫,号徂徕,又号蘐园,江户人。

③ 原念斋、东条琴台:《先哲丛谈》,东京:松荣堂,1899年,第115页。

徂徕早年服膺程朱，五十岁后因读明李攀龙（1514—1570，号沧溟）、王世贞（1526—1590，号凤洲）之书，尽弃旧学而治古文辞。徂徕的古文辞学以"道"为"先王之道"，认为"先王之道，先王所造也。非天地自然之道也"①。"举礼乐刑政凡先王所建者"都是先王之道②。他所说的"先王之道"实际指的就是先王所作的礼乐制度。这一"先王之道"的特点在于治国平天下的政治性③。在徂徕看来，孔子修六经所传的就是先王之道④。但是，由于语言是在历史中变迁的，而这种变迁时常带来对先王之道理解的乖舛⑤。因而，只有通过秦汉前的古文辞才能真正的把握六经，从而把握先王之道。

在古文辞学的理路中，作为先王之道承载者的六经被置于关键的地位。古文辞学的提出正是为了克服语言的历史性差异，从而正确的理解六经、把握其中所记述的先王礼乐。本章则从作为"六经之首"的《易经》出发，通过对以太宰春台为中心的早期徂徕学派易学的考察，阐明易道在其先王之道思想中所处的地位。正如前文指出的，徂徕"道"论的特点在于强调先王之道治平天下的政治性，而这一特点同样也体现在了春台对于易道的理解中。

---

① 荻生徂徕：《辨道》，收于今中宽司、奈良本辰也编《荻生徂徕全集》，东京：河出书房，1973年，第414页。

② 同上书，第413页。"道者统名也。举礼乐邢刑政凡先王所建者，合而名之也。"

③ 同上书，第416页。"先王之道，安天下之道也。后世言经济者，莫不祖述焉。"

④ 同上书，第413页。"孔子之道，先王之道也。……孔子平生欲为东周，其教育弟子，使各成其材，将以用之。及其终不得位，而后修六经以传之。六经即先王之道也。"

⑤ 在徂徕看来，程朱诸公正是由于不识古文辞，"以今文视古文，而昧乎其物"（《辨道》，第413页）。同为古学派的伊藤仁斋虽然号称古义，但其"黜六经而独取论语，又未免和语视华言"（同前），因而也不是真正的古义。同此相联系的还有徂徕针对江户时代日本人阅读汉文的情况所提出的汉文直读法，反对从来之汉文训读法。

一　徂徕学派的易学传授源流

荻生徂徕学成之后，一时海内风靡。蘐园门下人才济济，太宰春台、服部南郭、宇佐美灊水等当时一流俊才，都荟萃一堂。但从易著方面来说，现有的两种《荻生徂徕全集》中都没有徂徕关于易学方面的专门著作①。

《关西大学泊园文库藏书目录》②中收录有"周易解象辞全六卷。荻生双松（徂徕）撰，大泉白编。刊本，存二卷，一册。"经调查，泊园文库残存的这两卷刊本原名《周易解》，自《上象辞》始至《下象辞》终。因此《目录》作"周易解象辞"。其书应是井上哲次郎曾提到过的六卷本《周易解》。井上曾说："此书为白重行秉徂徕遗训所著，然不知其果出乎徂徕遗训否。"③泊园藏本每卷开头都题有"日本东都物茂卿遗训 大泉白重行学"，与井上说法相符。滨久雄在《荻生徂徕の易学》④一文中也曾介绍过无穷会加藤天渊文库所藏白重行的这部《周易解》。白重行（生卒年不详），羽前（山形）人，秋田藩儒。他的祖父曾亲炙徂徕，"物茂卿遗训"的说法，应当是指从其祖父起三代家传之徂徕易学。因

---

① 现有的两种《荻生徂徕全集》，一为今中宽司、奈良本辰也所编（东京：河出书房新社，1973年），另一为岛田虔次所编（东京：みすず书房，1973年）。

② 壶井义正：《关西大学泊园文库藏书目录》，吹田：关西大学出版部，1959年，第4页。

③ 井上哲次郎：《日本古学派之哲学》，东京：富山房，1902年，第488页。

④ 滨久雄：《荻生徂徕の易学》，《东洋研究》，2006年第11期，第53—79页。无穷会所藏的这部《周易解》为十二卷，六册。另，滨久雄还有《太宰春台の易学》（《东洋研究》，2010年第1期）第1—20页。滨久雄先生的研究主要是对太宰春台在《易道拨乱》与《周易反正》两书中的易学观点作简单介绍，并没有对春台的易学思想进行分析，也没有触及春台易学中最为重要的概念：易道。滨久雄先生关于徂徕学派易学的两篇研究最重要的地方还是在对白重行的《周易解》的发现与梳理。

此,《目录》中"荻生双松撰、大泉白编"的说法是不妥的。

此外,笔者在研究泊园书院《周易辑疏》①的过程中,曾辑出其中所引物茂卿注十三条。泊园书院是晚期徂徕学派的一个代表。但引注是否出于徂徕专门的易著,尚没有足够的证据表明这点。从现存徂徕著作的情况来看,徂徕关于易学的讨论主要散见于《辨名》《辨道》与《经史子要览》等书中。

荻生徂徕殁后,徂徕学派一分为二。一部分是以服部南郭为代表的文学派,另一部分则是以太宰春台为代表的经学派。② 徂徕学派的分裂体现的是古文辞学内在逻辑的分离。服部南郭等文学一派,将古文辞本身作为目标,津津乐道于诗文,脱离了对于政治性的关切。而太宰春台等经学派缘此对南郭古文辞的激烈批评③实际上可以看作对古文辞学原初目标即先王安治天下之道的维护。

徂徕弟子中,太宰春台的经术首推第一。春台关于易学所作《易道拨乱》与《周易反正》等,被视作早期徂徕学派易学研究在经义方面的代表。就徂徕学派的易学传承而言,值得一提的还有徂徕弟子山井鼎(1670—1728)所著《七经孟子考文》④及徂徕弟荻生观(号北溪)(1673—1754)所作《补遗》中关于《周易》的部分。《考文》是山井鼎依据足利学校所藏古写本与宋刻善本群经相校而成。《补遗》则是在山井殁后,荻生观奉当时德川幕府将军吉宗之命取幕府所藏旧籍校订

---

① 藤泽东畡、藤泽南岳:《周易辑疏》,关西大学泊园文库藏,参见第五章的相关研究。
② 江村北海:《日本诗史》,收于《日本儒林丛书》第三册,东京:凤出版,1971年,第62页。"盖徂徕殁后,物门之子分而为二,经义推春台,诗文推南郭。"
③ 太宰春台:《经济录》,赖惟勤校注,《徂徕学派》(日本思想大系37),东京:岩波书店,1972年,第16—17页。"圣人之道,治天下国家。外则别无所用……舍是而不学,徒以著述诗文过一生者,非真学者,与琴棋书画等曲艺之辈无异也。"原文为和文,此处系笔者自译。
④ 山井鼎,字君彝,号昆仑。山井生来体弱多疾,《考文》成于享保10年(1725),书成后病情更加恶化,卒于享保13年(1728)。山井殁后,当时的德川幕府的将军吉宗命徂徕的弟弟荻生北溪取幕府所藏旧籍校订《考文》,撰为《补遗》,享保16年(1731)刊行于世。

《考文》而成。《七经孟子考文补遗》后输入中国，因其中所引古本、宋刊本注疏颇能正元明以降版本文字之失而受到清代学者的重视，并收于乾隆间所修《四库全书》中①。因而，《考文补遗》中《周易》部分体现的是早期徂徕学派在《周易》版本、考据方面的成果。

此外，徂徕学派中还有徂徕养子荻生金谷所著的《洪范筮法》《读易杂抄》与《读易草》。但从内容与影响力来说，金谷都无法与前两者相比肩。可以说，与仁斋易学主要传之于家相比，徂徕的易学主要是由其弟子特别是由太宰春台所继承的。

二 春台的生平与易著

太宰春台（1680—1747）名纯，字德夫，小字弥右卫门，春台是其号，又号紫芝园，信浓人。② 春台为人严毅端方，平生以礼自处。三十二岁入徂徕门下。对于徂徕的古文辞学，他虽常有异见，但总体来说仍以继承徂徕之学为己任，并自比于孔门之子路。③《周易反正》中，春台自道其学易经历时曾说：

---

① 此书亦收于严灵峰：《无求备斋易经集成》，台湾：成文出版社，1976年，第168册。关于《七经孟子考文补遗》相关情况，可参考末木恭彦：《七经孟子考文凡例の考察（上）》，《东海大学纪要》第55号，东京：文学部，1991年，第1—11页。

② 关于太宰春台的生平，可参见稻垣长章：《春台先生墓志》，五弓雪窗《事实文编》第二册，吹田：关西大学出版，1979—1981年，第430页；板仓胜明《春台太宰先生传》（同前）第433页；松崎惟时《春台先生行状》（同前）第434页以及原念斋、东条琴台《先哲丛谈》（东京：松荣堂，1899年）第131—137页。

③ 春台在经学方面的成绩，值得一提的还有他曾校刻的《孔传古文孝经》。《古文孝经》孔安国传当时在中国失传已久，春台所梓后被鲍以文翻刻入《知不足斋丛书》中回传入中国。

> 夫予弱冠读《易》，而服朱氏《本义》之精，后忽生疑，而求所以释之有年矣。及见徂徕先生而问以所疑，且质以管见，则大有所发明焉。退而沉思，参伍考索，积疑渐释，凡自早岁用心四十余年，乃能有成，庶几无失于圣人之指矣。①

从自述中可见春台早年喜服朱子《周易本义》之说，尔后对此产生疑问。入徂徕门后，徂徕在易学方面的指点成为了他解决疑惑、成立己说的关键。春台在易学方面的著作，为人所熟知的除《周易反正》外，还有《易道拨乱》与《易占要略》。关于《周易反正》的成书，春台在《序》文中说：

> 纯为《易》尝著《易道拨乱》以示从游之士。或曰：既已拨乱，盍遂反诸正？予答曰：然予素有志于著注义而未果，为事之不易也，为居之不间也。后十年，稍得用心于此，盖朱氏《本义》，于六十四卦则颇得之，于系辞则愦愦焉。予故先注《系辞》以下，既而注上下经及《象》《彖》传。自甲子之秋起蒉，至乙丑之冬卒业。②

据《序》文，《反正》起稿于"甲子"即1744年的秋天，卒业于"乙丑"即1745年的冬天。这部书是春台经过多年准备后在晚年对《周易》经传全体所作的注解，共12卷。《序》文中春台认为朱子《本义》"于六十四卦则颇得之，于系辞则愦愦焉"，因而先注《系辞》，再注上下经及《彖》《象》等传。从全书来说，其书所采取的是朱子在《周易本义》中"经传分离"的体例。《易占要略》③（1卷）主要是春台依据汉代纳甲筮法对

---

① 太宰春台：《周易反正·凡例》，泊园文库藏、抄本。
② 太宰春台：《周易反正序》，泊园文库藏、抄本。
③ 太宰春台：《易占要略》，国立国会图书馆藏、刊本。宝历三年、武阳书肆、前川权兵卫梓。

朱子易占方法的改革。据武部善人的考证①,《要略》卒稿于延享元年(1744),与《反正》的起稿时间在同一年。《易道拨乱》②(1卷)则是春台答门人所作,其书主要是对朱子《易学启蒙》相关内容的批评。从前引《序》文中可知:《拨乱》成稿在《反正》之前。现有研究都没有表明《拨乱》的具体写作时间。但在《拨乱》文末春台有"故予不自揣,尝窃考古人遗法,以立一家占法"之语。"窃考古人遗法,以立一家占法"应是指他所作的《易占要略》。如果此点无疑的话,那么《拨乱》应当作于《反正》之前、《要略》之后,即1744秋季之前的这段时间。

此外,春台有关易学的论说,还散见于其他各书中。其中,尤须注意两处:一是《斥非附录·读仁斋易经古义》③中春台对以仁斋为代表的古学易学的批评;另一则是春台名著《经济录》第十卷《无为·易道》④中有关"易道"的讨论。这两处的篇幅都不长,但对于理解春台易学思想的全体尤其对理解易道在先王之道中的位置来说却极为关键。

三 春台的易学思想

春台易著的题名中,《易道拨乱》与《周易反正》中的"拨乱""反正"之说颇为引人注目。这也是把握春台易学内在理路的一条线索。

---

① 武部善人:《太宰春台》,东京:吉川弘文馆,1997年,第71—72页。
② 太宰春台:《易道拨乱》,泊园文库藏,刊本。今关仪一郎编纂:《日本儒林丛书》,东京:凤出版,1971年刊,第三册亦收入此文。
③ 太宰春台:《斥非附录·读仁斋易经古义》,收入于《徂徕学派》(日本思想大系37),东京:岩波书店,1972年,第425—426页。
④ 太宰春台:《经济录》第十卷,收入于《徂徕学派》(日本思想大系37),东京:岩波书店,1972年,第37—44页。

"拨乱反正"说出自《春秋公羊传》"哀公十四年"①。这一年是《公羊传》中所说的《春秋》之"终"。前传有"西狩获麟",孔子"反袂拭面涕沾袍"之事,后问之以"君子曷为为《春秋》?"因答有"拨乱世,反诸正,莫近诸《春秋》"之说。因此,"拨乱反正"原本是《春秋》公羊学中的说法,具有强烈的经世意味。但春台此处用这一说法来为他的易著命名,首先还是就他对易学及易学史的理解方面来说。

1. 易道之"正"

《易道拨乱》中,春台在开篇便明白地指出:

> 夫《易》之道在象数,明于象数,然后可以言《易》也。②

春台易著中,"易道"或"易之道"是出现最多的概念,也是春台易学思想中最为核心的概念。在这里,春台所讲的"易之道"首先是从《周易》本身内容的特点来谈。在他看来:"夫《易》自有易之道,与他经异。"③可以说,对"易之道"特殊性的认知,构成了春台易学的出发点。"易之道"的特质在于象数。象数是理解和研究易学的根本。关于这一点,他主要从《易》的成立与圣人作《易》用占两方面进行了说明。他说:

> 《易》本起于数。天一地二,天三地四,天五地六,天七地八,天九地十乃河图之数也,《易》因河图之数以作。一三五七九,天数也。二四六八十地数也。一三五七九积而有二十五也,二四六

---

① 何休注、徐彦疏:《春秋公羊传注疏》,《十三经注疏》整理本,北京:北京大学出版社,2000年,第719页。
② 《易道拨乱》。
③ 同上。

八十积而有三十也。天地之数合而有五十五也。伏羲因此数以作八卦。①

在《易道拨乱·本图书》中，春台曾提出"伏羲则河图作《易》"的观点。在他看来，《系辞》中"河出图，洛出书，圣人则之"中所讲的圣人指伏羲与禹。其中，伏羲则河图以作《易》八卦，禹则洛书以作《书·洪范》九畴。但是，就河图、洛书而言，只有河图是伏羲作《易》时的根据、是"《易》之所本"；洛书与《易》无关。在上面的引文中，春台则进一步指出："伏羲则河图作《易》"时所依据的是河图之数。《系辞》中所说的天地之数实际上讲的就是河图之数。河图之数既是伏羲作八卦的依据，也是《易》成立的依据。令人遗憾的是，在伏羲如何从河图之数演化出八卦之象这点上，春台并没有讲明。但是他根据河图之数的特点，又接着说：

> 夫数之本一，故河图洛书，皆本于一。然河图成于二五，洛书成于三三。河图极于十，洛书极于九。故河图，偶数也。洛书，奇数也。易则河图而作，故其道有阴阳。阴阳者，天地之道也。故时有寒暑，日有昼夜昏明，人有君子小人，事有吉凶，行有可否。②

"河图之数成于二五"，这里的"二五"在春台看来，指的是河图之数中的五奇、五偶分而为二。河图之数为"偶数"的特点体现于《易》则是"其道有阴阳"。阴阳之道也是天地之道，是万物生成和分化的内在法则并贯穿于万物之中。天时的寒暑、日夜的昏明、人道中的君子小人、人事中的吉凶行止，无一不是阴阳之道的体现。以阴阳变化之道为易

---

① 《经济录·易道》，第37页。本文所引《经济录·易道》与《读仁斋易经古义》中的内容，原文均为和文，引文系笔者自译。
② 《易道拨乱》。

之道是春台对"易道"内涵一个最为重要的推进。阴阳变化之道的提出,使得对易道的理解从单纯抽象的数的层面进化到复杂具体的物象层面。从而使特殊的易道作为万物的内在法则而获得普遍性,进而与万事万物相联系。春台又说:"夫惟道阴阳,是以占者得以决可否。"①因而,阴阳之道的提出,也构成了《易》从象数转向用占的前提与枢纽。

《周易反正·凡例》中,春台依据《周官》《左传》中有关太卜、史官以易占筮的记载,明确指出:"古人为易,特以供占筮之用也。"②并认为:孔子作《十翼》所赞之易道其主旨也在于占筮。他说:

> 孔子以《易》授商瞿,六传至汉田何。田氏之易,分为数家,详见汉《儒林传》。自东汉以后,专门废而其传泯焉,其书亦不存。则后儒何从得知孔子所传、汉儒所为皆为何物乎?予窃以为汉儒如焦延寿、张君明皆以占卦著名,而其书存于今者,亦大略可见,则汉人所为者,大抵占卦之术也可知矣。夫汉人所为,既已如此,而汉人之学传自仲尼,则孔氏之易以占卦为其道也亦可知矣。今考之《大传》《系辞》言占卦之义,说卦言占卦之用,则仲尼所传,其要在斯亦益明矣。③

春台依据《汉书·儒林传》的记载,认为孔子之易传于汉儒,因而由汉易遗法可以溯知孔子之易的本来面貌。汉易遗法重易占,孔子所作《十翼》中《系辞》与《说卦》也屡言占卦之义,这都表明了"孔氏之《易》以占卦为其道"。不难看出,春台在与《反正》同年所作《易占要略》中对汉代纳甲筮法的重视与阐明,也是出于以上的认知。

至此,通过象数、阴阳之道与易占三者的内在关联我们已经可以大

---

① 《易道拨乱》。
② 《周易反正·凡例》。
③ 同上。

致把握春台所讲"易道"的初步内容及特点。这也构成了春台"反正"说中"正"的基本内容。在这里需表明的是,春台对于易道特殊性及圣人作《易》用占的强调源自徂徕。在《辨名》"元亨利贞"①条中,徂徕就说:"大氐《易》之为书,主占筮,故其设辞不与他书同。读之之道,亦不与他书同。"从春台自述中已可得知徂徕易学对其易学成立的影响,此处则可以更加清楚地看到:徂徕对于《易》经的基本判断实际上规定了春台易学展开的根本方向。接下来,我们将以春台对于易道之"正"的论说为基础,进一步考察春台所说的易道之"乱"。

2. 易道之"乱"

在春台看来,孔子之易,失传于汉末。易道之"乱"也始于此。他说:

> 自东汉之季,专门废而其传泯焉,后儒不得不就其辞以见其义。于是《易》始离卜筮而以空言行于世,后之学者,不复知《易》之所以列于六艺而为经世之用,此易道一厄也。②

需注意的是春台所说的"专门"。在他看来,与《易》相关的"专门"之学的泯亡是造成东汉末年易道之"厄"的关键。这里的"专门"根基于易道的独特性。"专门"的泯亡也意味着易道独特性的抽离与破坏。其最直接的影响就是《易》与象数的分离。这一分离不仅进一步导致了《易》与卜筮的分离,令易占之用不为人知;更为重要的是,它造成了易道独特的诠释学根基的瓦解,从而使得后世对于《易》的理解只能从《易》经表面的"辞"出发。关于"辞",春台认为:"象之所示微妙,非智

---

① 荻生徂徕:《辨名》,收于《荻生徂徕全集》,今中宽司、奈良本辰也编,东京:河出书房新社,1973 年,第 441 页。

② 《周易反正·凡例》。

者不能达之,故后之圣人系之以辞以发其意。"①"象之所包者广,辞之所发者狭。"②脱离了象与数的"辞"在春台看来,只能沦为没有根据的"空言"。

　　汉代之后的易道之"乱"也源于上述的两个方面:一者是《易》与卜筮的分离所造成"象数之学仅存于卜筮家"③的状况;另一则是由于易道的诠释学根基瓦解所造成的诸易家各自为说、以己意解易的局面。关于后者在易学史中的展开,春台总结为:"一乱于晋人,再乱于宋人。"④这里的晋人之"乱"主要是指王弼和韩康伯的易注;宋人之"乱"则主要指程颐与朱子的易学。在春台看来,王弼、韩康伯的《周易注》以"老氏虚无为易道之本"⑤。程颐《易传》则"专主义理,以心法为道"⑥,且"不说象数,特因易辞而称说一家之言耳"。晋、宋之间的唐代易学,春台也略有论及。如其论孔颖达据王弼、韩康伯易注所作《周易正义》:"亦但从王韩二氏之注而详之耳。于孔氏之易,无所发明。"⑦又如论僧一行:"自谓知易,亦唯以之缘饰其所为历术而已,其于易道则未也。"⑧其中,春台关于朱子易学的看法构成了他所说易道之"乱"中最重要的部分。

3. 对朱子易学的批评

　　春台对朱子易学的评价,总体来说可用"功过参半"来概括。在他看来,朱子于易道的发明之"功"有三点:一是能从晁说之、吕祖谦之

---

① 《周易反正序》。
② 同上。
③ 《易道拨乱》。
④ 同上。
⑤ 《周易反正·凡例》。
⑥ 同上。
⑦ 《易道拨乱》。
⑧ 同上。

说,正《易》简编,恢复古易中"经传分离"的本来面貌;二是作《易学启蒙》以明象数;三是《周易本义》中用象占来解释经辞,并提出"《易》本卜筮书"。春台称赞说:

> 晦庵在宋人之中,独能究象数之原,而易道复古者,不啻十五。①

"十五"中的另一半,则是朱子对易道理解中仍存在的偏差与过失。在春台看来,朱子所造成的易道之"乱"主要包含两点:第一是《易学启蒙》中对于象数的解释有牵合附会之处。在《易道拨乱》中,春台曾就朱子《启蒙》中的象数问题逐章进行过批评。其中,尤以《本图书》与《考变占》两处最值得关注。

《本图书》中,春台除讲明河图与洛书之数不同、只有河图与伏羲作易有关外,还进一步提出了"图自图,书自书"的看法。在他看来,伏羲则河图而作《易》,《易》所讲的是阴阳变化之道;禹则洛书而作《洪范》,《洪范》所言的却是人君莅临天下之大法。这两者决不可混淆,更不可互为表里、体用。春台所讲的"表里""体用"之说,是朱子在《启蒙·本图书第一》中为说明河图、洛书之间的关系而引用的诸易家之说,其中,朱子更引蔡元定"理一"之说认为:河图、洛书虽有不同,但从其内在的"理"来说却是一致的。他说:

> ……其实天地之理一而已矣,虽有古今先后之不同,而其理则不容于有二也。故伏羲但据河图以作《易》,则不必预见洛书,而已逆与之合矣。大禹但据洛书以作范,则亦不必追考河图,而已暗与之符矣。其所以然者何哉?诚以此理之外无复他理故也。②

---

① 《易道拨乱》。
② 朱熹:《易学启蒙》,收于《朱子全书》第一册,第211页。

不难看出,春台严格区分河图与洛书实际上构成了对"理一"说的否定,这同样是出自他对于易道特殊性的认识。将河图与洛书内在的关联割裂与将《易》与其他经典如《尚书》相区分秉承的是相同的思路。河图与洛书的不同表明的是易道与其他道之间的不同。他说:

> 八卦者,变化之物也。九章者,常道也。①

因而,易道的特殊性在于易道所讲的阴阳之道是在不断变化的。而洛书所指向的却是与之不同的"常道"。在对朱子易学的批评中,"常道"这一概念还将在下文出现。

《考占变》章中春台主要对朱子《启蒙》中所提出的"占法"提出了修改意见。在他看来:

> 晦庵依用九用六之辞,而推知六十四卦之占法,且考诸《春秋传》,以立之法,可谓明且备也。然其中犹有一二不可晓者。②

"犹有一二不可晓者"指的是占卦过程中遇到"二爻变""三爻变"及"四爻变"时朱子所分别提出的"以本卦二变爻辞占、仍以上爻为主""占本卦及之卦之彖辞,且以本卦为贞、之卦为悔,前十卦主贞、后十卦主悔"及"以之卦不变爻占,仍以下爻为主"之说③。春台认为,朱子关于这三种情况的解卦方式缺乏根据,大多为臆测。因此,他根据汉代的纳甲筮法,对朱子的占法进行了修正。他说:

> 夫《易》之本在象数,故筮者当先明象数,次考纳甲飞伏,孤虚

---

① 《易道拨乱·本图书》。
② 《易道拨乱·考占变》。
③ 朱熹:《易学启蒙》,收于《朱子全书》,第258—259页。

旺相,以占其事。然后断以卦爻辞,其取卦爻辞者,所谓六爻皆不变者,取本卦象辞,六爻皆变者,取之卦象辞。一爻变者,取本卦变爻辞,五爻变者,取之卦不变爻辞。余不取卦爻辞,是为定法。

《易占要略》中,春台所讲的便是这一套将朱子占法与纳甲筮法相结合的占筮方法。其要点在于:六爻皆变、六爻皆不变、一爻变与五爻变时取朱子占法,用相应的卦爻辞来决占;而当二爻变、三爻变及四爻变时,则不取卦爻辞,以纳甲之法来决占。

朱子所造成易道之"乱"的第二点与朱子在《周易本义》中对经传的解释有关。春台在《易道拨乱》中说:

其所为《本义》者,亦唯六十四卦之解,文简而义精。至于《系辞》,则以其家言解之,无可取者,是晦庵之未知《易》也。夫《易》自有易之道,与他经异。故《系辞》所云,皆易之道也。晦庵乃常道视之,且专以理气心性说之。所以谬也。

春台在自述《周易反正》写作经历时曾说:"盖朱氏本义,于六十四卦则颇得之,于系辞则愦愦焉。"这里可以看到,春台所说的"于系辞则愦愦焉"指的是朱子用"家言"即理气心性等一家之言来解释《系辞》传。春台批评的着眼点仍然是从易道的特殊性出发:"系辞所云,皆易之道也","晦庵乃常道视之"。易道的特殊性拒绝以理气心性之说解释《系辞》的可能。结合前文对河图洛书的区分可以得知,春台所说的"常道",既包括朱子学中的理气心性之说,也包括九畴中人君临治天下之大法。与易道相对比,这一"常道"具备恒常与普遍的特点。但以易道独特性与常道的普遍恒常相对立,却使得春台易学开始面临一个极为严峻的挑战。这个挑战来源于两方面:一是《易·系辞》中明言"《易》之为书也,广大悉备","能弥纶天地之道""冒天下之道"。换句话说,易道的普遍性是《系辞》本身就讲明的。朱子以常道视易道,对于《系辞》在理气心性上的发挥虽然是一家之言,但也有源自《系辞》自身所提供的普遍性的基础;另一则是从春台所继承的徂徕学的宗旨来看,其强调六经作为先王之道的承载者具有治国平天下的政治性。而在春台对河图与洛书的区分中,洛书及《洪范》九畴所讲的人君临治天下之大法却被视作常道,从而与易道在根本上有不同。春台显然也意识到了对于易道特殊性强调所带来的上述两方面的矛盾与问题。因此,在他晚年最后完成的《周易反正》中,对于六十四卦卦爻辞的解释,他并没有全盘沿用其所赞赏的朱子在《本义》中的注解,而是提出了"象占分离"之说。与之相关的是,原本作为易道从象数转向用占前提与枢纽的阴阳之道也被安置到了对易道理解的中心地位。

4. 象占分离

《周易反正·凡例》中,春台说:

> 朱氏《本义》于六十四卦,必以象占为说。予谓象固有之,未可即言占,盖《易》是阴阳变化之道。圣人设卦爻以象之,《系辞》以明其义,君子顺之则吉,逆之则凶,撰蓍以占,所以审逆顺之道也。卦爻之辞,特言易道而已,何言占哉?君子苟明象与辞,则虽不占而吉凶可知也。……予今于卦爻,虽取《本义》,其言占者,敢犯僭妄之罪,削之改之,庶几弗叛易道耳。

在这里,春台强调"易是阴阳变化之道"。以阴阳变化之道来理解易道,是《周易反正》中最为常见的注解方式。前文在讲明易道之"正"的部分曾就阴阳之道的意义作过说明。此处"象固有之,未可即言占"表明阴阳之道不仅是象数转向用占的前提与枢纽,同时也在象占之间形成了一个"缓冲地带",为象占的分离提供了可能。需要说明的是,春台所讲的象占分离并非指象与占完全脱离关系,而是指在对卦爻辞进行解释的时候,"未可即言占"。"即"是立即的意思,所针对的是朱子《本义》中对卦爻辞所采取的"象占一体"的解释方式。象占分离作为原则贯穿于《反正》对六十四卦卦爻辞的解释中。例如，在对《乾》卦卦辞的注解中，春台引朱子《本义》"乾者，健也，阳之性也。六画皆奇，上下皆乾，则阳之纯而健之至也。元，大也。亨，通也。利，宜也。贞，正而固也"。后又自注：

> 纯谓，元，始也；贞，谓守正而不变也。乾者天德也，在人则君也、父也。元亨利贞者，乾之道也。谓人居乾位，当行乾道也。若筮得此卦者，其占亦如此云。他卦仿此。①

与朱子在《本义》中对《乾》卦的注文相比较，春台自注有两点不同：

一是在对"元""贞"的解释上。朱子将"元""贞"解释为占辞，"元亨利贞"为占得此卦时，大亨而利于正。春台注中，则将"元"解作"始"，将"贞"解作"守正而不变"。关于"贞"解，春台说：

> 贞者不变之义也。吾闻诸先师，此真卓识也。王弼训以正，朱子训以正固。以是解利贞则可，至解贞吉贞凶厉贞吝则不可。贞吉之贞，犹可训正，贞凶贞厉贞吝之贞，岂可训正乎？王朱概训正，正吉犹可说也。正而凶，正而危，正而吝，不可说也，非天道也。夫君子何守，守正而已，苟守正而凶而危，非君子所惧也。守正而吝，非君子所羞也。《易》岂以此谓戒哉？是为不通矣。②

春台所说的"贞吉""贞凶""贞厉""贞吝"为《易》中卦爻之辞，朱子解是从"《易》本卜筮之书"的立场出发，将之解释为用占时的相关情况。但在春台看来，以正固训"贞"，在"贞吉"时犹可理解，但在"贞凶""贞

---

① 朱熹：《易学启蒙》，收于《朱子全书》，第258—259页。
② 《周易反正·凡例》。

厉""贞吝"时却难以成说,因此,他以徂徕"守正不变"之义解"贞",强调君子守正不变,面对凶、危、吝的境遇时能够无羞无惧。这就突破了用占的限制,将之变为了一般意义上的君子之道。

二是在所引朱子《本义》注中,春台削去了原本朱子注中"文王以为乾道大通而至正,故于筮得此卦,而六爻皆不变者,言其占的大通,而必利在贞固,然后可以保其终也。此圣人所以教人卜筮,而可以开物成务之精意"①一段,这与他反对朱子以象占为一体,强调"未可即言占"的原则是一致的。从他的自注中也可以看到:他首先讲明了乾之"象":"乾者天德也,在人则君也、父也。"进而由乾之象引申而讲"乾之道":"元亨利贞者,乾之道也。谓人居乾位,当行乾道也。"乾之"象"与"乾之道"本身已构成一个自足的部分。在此基础上,再说用占:"若筮得此卦者,其占亦如此云。"又如在对《乾》卦初九爻的解释中:

> 纯谓,龙虽神物,而潜伏在下,乾道之始,未可有为,故其象为潜龙也。勿用者,戒辞也。若筮遇此爻之变者,其占亦如此云。他爻仿此。②

相较于朱子之解,春台削改了朱子"其象为潜龙,其占曰勿用"之说。将"勿用"改作说明乾道之始时的"戒辞",即在乾道之始时应当采取的行动,先不取用占。然后在此基础上,再说"若筮遇此爻之变者,其占亦如此"。

从《反正》对卦爻辞的解释原则与实践中可以看到:第一,象占分离原则的提出,实际上是为了突出易道作为阴阳之道本身的独立性与自足性。正因为作为阴阳之道的易道是独立自足的,因此其发挥与运用才可以脱离易占,从而具备独立的施用空间,即"君子苟明象与辞,则虽不占

---

① 朱熹:《周易本义》,收于《朱子全书》,第30—31页。
② 《周易反正》,卷一。

而吉凶可知也。"第二,春台易道论说中对象数、占筮的理解与朱子"《易》本卜筮书"说间存在着巨大的差异。《周易本义》中,朱子力图达致的是对《易》经本来面貌的恢复,"本义"之名也表明了这一点。因此"《易》本卜筮书"的提出是对《易》经原本面貌的澄清。但春台对《易》中象数、卜筮的强调,则是从将《易》经与他经、易道与常道相区别的角度即从易道的特殊性出发。其中固然包含了对《易》经本来面貌的探求,但这种探求却时刻是在将《易》经特殊化的视角下展开的。春台易学中对于易道特殊性的强调,既构成了他对中国易学史、尤其是朱子易学进行批评的基础;但同时,又使得他必须要面对由此所带来的易道特殊性与普遍性间的矛盾。在这个过程中,阴阳变化之道在易道内涵中的中心地位就被突显出来。阴阳变化之道源于象数,却不局限于易占。对于阴阳变化之道的突出,使得特殊性与普遍性二者从矛盾转化为了张力。换句话说,阴阳之道作为万物生成与分化的内在法则一方面赋予了易道与万物沟通的普遍性,但其源起于象数的特点同时又使得对于这一普遍性的理解必须保持在特殊性的视角之中。毋宁说,春台的易道经由阴阳变化之道所达致是一种特殊性基础上的普遍性。由此两点,易道作为先王之道的一部分获得了通向了治平天下的经世之道的可能。

四 易道与政道

通过前文对春台易道说中"正"与"乱"内容的厘清及易道内特殊性与普遍性间张力的把握,我们已经可以大致了解春台易学思想的主要内容。但就其易学思想的全体来说,仍有两处材料值得关注。一处是《斥非附录》中的《读仁斋易经古义》,另一处则是《经济录》最后一卷《无为·易道》篇。这两篇文字作于《易占要略》《易道拨乱》《周易反正》三书之前。其独特的价值在于阐明了易道在春台先王之道思想中的地位及治平天下时所发挥的作用。这点不仅是春台晚年所著三书中没有讲明的,而且,三书中春台对于易道的理解恰恰要通过这点才能获得其在春台思想整体中的位置和意义。

1. "六经者,先王所以治天下之具"

春台继承了徂徕"先王之道在六经"的学问宗旨。《读仁斋易经古义》的开篇,春台就说:

> 先王之道在六经。六经者,先王所以治天下之具也。①

《经济录·易道》篇的结尾,他同样说道:

> 先王之道悉在六经。六经者,《诗》《书》《礼》《乐》《易》《春秋》也。先王之道乃治天下之道,六经乃治天下之具也。②

春台在这一头一尾中几近相同的说法实际上代表了他对六经与先王之道关系的总体看法。春台继承了徂徕对先王之道的判断,即"先王之道乃治天下之道",并以六经作为先王之道的承载者。但需注意的是,这里他所提出的"六经乃治天下之具"。徂徕在《辨名》中,曾用"名"与"物"的概念来说明先王之道与六经的关系:

> 欲求圣人之道者,必求诸六经,以识其物。求诸秦汉以前书,以识其名。名与物不舛而后圣人之道可得而言焉已。③

徂徕所说的"物"指的是唐虞三代的文物制度。在他看来,自生民以

---

① 《读仁斋易经古义》,第425页。
② 《经济录·易道》,第43页。
③ 荻生徂徕:《辨名》,第421页。

来,有"物"有"名"。但"物"在历史的发展过程中,经常会遗失和残缺,因此圣人为之立"名",使之保存于六经。这样的话,后世尽管其"物"不存,但后人仍然能够由"名"保留对"物"的基本认知。圣人所立"名"的整体,称作"名教"。然而,"名"本身在历史中也是不断变迁的。这种变迁经常带来"名"与"物"的乖舛。在这种状况下,秦汉的古文辞就具备了必要的价值。由于秦汉古文辞去古未远,因而可以由此以识"名",进而认识六经之"物"。做到"名"与"物"符,才可以正确地把握先王之道。可以看到,在徂徕有关先王之道与六经的思路中,古文辞成了六经通向圣人之道的一个不可忽略的环节。

但春台在这里说"六经乃治天下之具",将六经视作治理天下的工具,则在某种程度上越过了古文辞,使得六经与先王之道能够直接相联,不须经由古文辞而发挥其平治天下的作用。这种对古文辞的有意的跳跃与徂徕殁后徂徕学派的分裂有关。春台激愤于服部南郭等文学一派对古文辞的沉溺。在他看来,这种沉溺意味着对徂徕学宗旨的根本性的背叛与遗忘。因此,在春台的经学解释中,越过古文辞,直接以六经作为治理天下的工具,实际上是以一种对抗性的姿态来表达对于徂徕学先王之道宗旨的真正继承。

2. "六艺各有用"

《读仁斋易经古义》中,春台又说:

> 六经或谓之六艺,而六艺各有用。六者阙一,则不可以治天下。又如以《诗》当《书》,以《礼》当《乐》,以《易》当《春秋》,亦皆不可。①

在这里,春台突出了两点:一是六经或六艺必须作为一个整体施用于政治,缺一不可,即"六者阙一,则不可以治天下";二是六经各有其用,不

---

① 《读仁斋易经古义》,第425页。

可相互混淆,即"又如以诗当书,以礼当乐,以易当春秋,亦皆不可"。在春台看来,程朱经学的弊端之一,便是以诸经相通,而不识六经其用各殊。他说:

> 自义理之学兴,而学者不复知六艺之用。大率以为苟通一经,小之可以修身齐家,大之可以治国平天下。宋儒皆有是病。故每说一经,辄以为圣人之道尽于斯。如程伊川之为《易》,胡文定之为《春秋》,朱晦庵之为《诗》,皆坐是失道。……果如其言,则先王之道,用一经而足矣,何用六经为?①

那么,六经在施治天下时,各有什么作用呢?《经济录·易道》中,春台说:

> 《诗经》以尽天下人情者也。治天下者若不知人情,政令出而下不行,人情龃龉故也。用《诗经》以通天下之人情,政事之得失、风俗之美恶知焉。此治道之要务也。《书经》所记二帝三王治天下之道与事迹者也。为政诚本二帝三王之道,考当世事务,是第一用心也。先王之道乃万世之常道,遵之而无过。……《礼》者国家之定法也。人事之仪则也。此仪则圣人所定,违之同于禽兽。《礼》者天地之常经,是以圣人之道重之焉。《乐》者和乐之道,以乐调和礼之严处。礼云乐云,如车之两轮,人之两手之不相离也。……《春秋》者赏罚之道也。赏罚者国家治理之要务,劝善惩恶之术也。②

春台认为,《诗经》的作用在于通人情,从而可以考察"政事之得失""风俗之美恶";《书经》中所记"二帝三王治天下之道与事迹"则为当世政

---

① 《读仁斋易经古义》,第 425 页。
② 《经济录·易道》,第 43—44 页。

事提供了一个历史的范本与榜样;《礼》的作用在于为国家与人事提供准则;《乐》①则是调和礼法施用时的严处,以宣和乐之道;《春秋》是讲明对于国家治理来说尤为重要的"赏罚之道",以此来劝善惩恶。以上春台说明了除《易》之外的五经在治平天下时各自所具备的不同的功用。尤须注意的是,他在阐明《书经》功用后说:"先王之道乃万世之常道,遵之而无过。"这里,春台又一次提到了"常道"。在他看来,《诗》《书》《礼》《乐》《春秋》中所讲先王之道都包含在"常道"中。前文曾指明"常道"与易道间的对立并就此所产生的矛盾作过解释。此处,在先王之道内部出现易道与常道的区别,同样是为了体现易道在先王之道中所处的独特位置及所发挥的独特功能。

3. "凡治天下国家者,必知易道"

在《经济录·易道》的开头,春台指出:

> 凡治天下国家者,必知易道。学《易经》虽非易,知易道之大意不难。易道之大纲有三:一者时也,二者数也,三者阴阳也。知此三者,可知易道也。②

因此,对于政治家来说,治理天下必须了解和掌握易道。这里的易道更偏重于指《易》经的思想宗旨与特点。所以,虽然易学难学,但了解和掌握其思想的特点却不难。春台认为,易道的主旨有三:"时""数"与"阴阳"。与三书中对于易道的阐发相比,这里多了"时"这一特点。关于"时",春台说:

---

① 按一般看法,六经中《乐》经早已失传。春台认为《礼记·乐记》篇中保留了《乐经》的内容。

② 《经济录·易道》,第37页。

> 《易》中六十四卦,一卦六爻,六十四卦共三百八十四爻,六十四卦三百八十四爻,皆以明时也。……世有盛衰,国有治乱,家有安危,人主有明暗,事势有可不可,此类事谓之时。①

易道之"时"并非是时间的意思,而是指人所处的某个具体的历史境遇。世道的盛或衰,国家的治或乱等都是"时"。《易》中六十四卦、三百八十四爻讲的也都是不同的"时"。"时"的根本仍在于"数"。在春台看来,万物皆有数,国家之治乱兴衰存亡,也都"本皆自然之数,非人力之所为"②。这里,春台尤其强调自然之数所体现出的必然性。这种必然性表现为政治本身的历史性命运,即有盛"必"有衰,有乱"必"有治。从阴阳变化之道的角度来说,盛衰治乱的必然性也是阴阳消息盈虚的体现。阴阳消息盈虚的特点为盈极必虚,消极必息,体现于政治则是盛"极""必"衰,乱"极""必"治。

可以看到,对于经营国家,莅民治事的政治家来说,关于易道"数""时""阴阳"三者的认知所指向的实际上是一种关于政治的历史哲学。"数"与"阴阳"所教导的是对于政治的历史性命运(即有盛"必"有衰、有乱"必"有治和盛"极""必"衰、乱"极"必"治")的体察;"时"所引向的则是依据易道对于当下政治所处历史境遇的辨知与把握;只有在对政治历史性命运的体察之中、在对当下政治所处历史境遇的辨知基础之上,才能相应的采取适宜的措施,实现盛衰兴乱间的转化。

这一易道所体现的关于政治的历史哲学不仅构成了政治家不可不知的内容,也构成了易道作为先王之道之一区别于五经"常道"、发挥其独特功能的基础。《经济录·易道》篇的最后,春台说:

> 以上五经,治国家当用之道也。以此五者行政,事足以成,何

---

① 《经济录·易道》,第 37 页。
② 同上书,第 39 页。

以加《易》以称六经哉？以上五经者，先王治天下之常道，斯以是治国家，应能保百世之末，政无弊坏，国无危乱。然先王之天下以及末世，亦有弊政生焉，乱臣贼子出焉，国家危难，卒至于祸乱起而至于灭亡焉。是则阴阳消息之理，物极必变，天地之常数故焉。是则易道也。学《易》者能知此理，《易经》尽此理者也。治国家者若不知此理，临事而起疑惑，故有大过也。圣人是以作《易经》以示后人也。是以加《易经》于五经而成六经，治天下国家之道无少遗焉。若明此等义，知易道不可不知者，则谓知易道焉。①

此处，春台清楚地表明了他对先王之道理解中所包含的两部分：一部分是五经所构成的常道；另一部分则是易道。在他看来，五经作为常道已经能够满足治理天下的需要。前引"先王之道乃万世之常道"，更说明这一常道能够普遍地适用于一切时代的治理。但这并不意味着常道治理的所有时代都是盛世、治世。即便是先王之治，仍无法逃脱政治本身的历史性命运，即他所说的"然先王之天下以及末世，亦有弊政生焉，乱臣贼子出焉，国家危难，卒至于祸乱起而至于灭亡焉"。因此，与五经所构成的常道相比，易道在先王之道中的独特作用就体现了出来。政治的历史性变化正是基于易道本身的阴阳与数理，相应地，对于易道的认知和把握则表现为一种理解这种历史性变化的历史哲学。这种历史哲学有效的解释了先王之道在历史中的衰败。所以，对政治家而言，先王之道的衰败并不意味着五经常道治世有效性的丧失。恰恰相反，政治家更应当通过对于易道的了解而充分地认识到：盛衰治乱叠相交至本就是一切政治的历史性命运。这也是政治家在衰蔽之时能够坚守常道、不起疑惑，最终"拨乱世"而"反诸正"的前提与保证。

至此，我们可以清楚地把握太宰春台的易道思想及其在先王之道中的位置与作用。接下来，笔者拟用卒章的篇幅，对《读仁斋易经古

---

① 《经济录·易道》，第44页。

义》中春台对仁斋易学的批评作简略的分析,以展现这一江户易学史内部的对话关系。

有关伊藤仁斋的易学思想,笔者在第二章中作过详致的介绍。与徂徕学派对六经的重视不同,仁斋的古学以《论》《孟》为宗。因此,春台说:"仁斋先生以六经为鸡肋,不欲言之,亦不得不言。故其言之也,往往糊涂,无有定论。"①

《读仁斋易经古义》中,春台指出:仁斋的易学有"八谬"。论其要点,主要与对易占的认识有关。仁斋曾依据《周易》内容提出古易有卜筮、义理二家之说,但他依据《彖》《象》而以《易》为义理之书,并以"学问主义""卜筮主利"而反对用《易》卜筮。但在春台看来:

卜筮者,君子之所以决嫌疑,定犹豫也。所以一众心也。②

值得注意的是"一众心"之说。春台所讲的"一众心"直接指向的是易占在政治中的施用。在他看来:"夫经世之道,唯治小人为难,故先王立政,务治小人。"③这里所讲的"小人"与春台的人性论有关。关于人性论,徂徕曾主张气质不变说,春台则在此基础上有"性三品"论。他曾说:"人性万殊,约有三品,曰上智、下愚、中庸是也。上智固寡,下愚亦不多,其余皆中庸之性也。上智不必教,下愚不可教,中庸之性不可不教……"④"小人"在这里指的不可教的下愚之人。春台看来:"夫尧舜之世,在位犹有四凶。在下岂无有小人哉?试使孔子居周公之位,而管蔡未必不叛,殷顽民未必从化。"⑤君子固可晓之以义,但"小人"却

---

① 《读仁斋易经古义》,第425页。
② 同上。
③ 同上书,第426页。
④ 太宰春台:《论语古训外传》卷十五,关西大学泊园文库藏,第25—26页。
⑤ 《读仁斋易经古义》,第426页。

不能知义而无惑。因而，在先王治国之时，尤其在"行大事，役大众"时，"苟非奉鬼神仮龟筮，而何以一众心，使毋贰乎？"①可见易占成为了在政治实践中专门攻治小人、统一众心的一种政治手段。基于对易占在施政时这一功能的认识，春台批评仁斋说：

> 原佐一儒师，日诲生徒以君子修身之道，而未尝御小人。其心盖思己若得志，则必先焚六经。而为百姓日说《论语》《孟子》，户告家喻，使万民咸化为君子，然后天下平矣。何以奉鬼神仮龟筮为？②

在春台的理解中，仁斋对于易占的否定与其自身对于易占的强调不仅是出于对《易》经内容与性质认识的不同，其背后所包含的实际上是不同的政治理路。仁斋重义理、废卜筮，是希望通过人人成就君子德行而致天下太平。但在春台看来：这只是仁斋作为儒师，缺乏现实御使小人的政治经验的体现。不管是从性有三品的认知出发、还是从现实政治中"小人"不可教的事实而言，都意味着仁斋想法的天真。更重要的是，在春台看来，修身与治天下间也并不存在必然的递进关系："要之原佐所为义理者，特区区修身之一节而已，何足以治天下乎？"③这一修身与治平逻辑的分离不仅是对仁斋修身以治平理路的否定，更是对朱子学基于《大学》修齐治平逻辑的挑战。春台有关修身与治平、道德与政治相分离的思想还体现在他关于人心与礼乐相分离的思考中④，这也为日本近代思想的开展埋下了重要的伏笔。

---

① 《读仁斋易经古义》，第426页。
② 同上。
③ 同上。
④ 太宰春台在《圣学答问》中（关西大学泊园文库藏）说："凡圣人之道，决不问人心底之善恶，圣人之教自外而来之术，立身行先王之礼，处事用先王之义，外而具君子之仪容者，斯为君子，不问其人内心之如何。"

第五章

泊园易学的成立与展开
——藤泽东畡、南岳与《周易辑疏》

泊园书院是由四国高松藩的儒者藤泽东畡于文政八年(1825)在大阪创建。它是江户末期大阪地区规模最大的汉学私塾。明治维新前后,泊园书院虽曾一度中断(1864—1873),但直至二战结束后方才关闭(1948),可以说,泊园书院是近代日本持续最久的儒教书院之一。

泊园书院的山长由藤泽家人世袭,素有"三代四儒"之称。第一代即藤泽东畡(1794—1864),名甫,字元发,号东畡,又号泊园。宽政六年,东畡出生于高松藩的一户农家。九岁时师从中山城山(1763—1837)。青年时曾游学长崎学习唐音二年。而立之后遂在大阪开塾讲学。从学统上来说,东畡承自荻生徂徕——菅甘谷——藤川东园——中山城山一系,因此,东畡及泊园书院的讲学与研究继承的是徂徕学的基本精神。第二代藤泽南岳(1842—1920)为东畡的长子,名恒,字君成。有七香斋、醒狂、九九山人等号。东畡死后,南岳继承了东畡的衣钵,并列为高松藩儒员。维新之际,因笃志勤王,力劝高松藩主归顺天皇,护藩有功,被藩主赐号"南岳"。南岳去世之后,则有其长子藤泽黄鹄(1874—1924)与次子藤泽黄坡(1876—1949)相继出任书院山长。①

《周易辑疏》②是泊园书院经学研究的代表作品。这部书传世很少,现今仅有活字版两部藏于关西大学泊园文库。但从思想内容上来看,《周易辑疏》却是江户后期易学研究的一个重要代表。这不仅是因为"辑疏"这种体裁在江户易学的作品中比较少见,而且相较于中国易学研究的同类作品而言,该书征引了大量日本易家的注解,熔铸中日众家易注于一炉。同时,《辑疏》在辑疏内容的选择上以及由东畡与南岳所作的按语上,都鲜明体现了泊园易学重视政治哲学的特点。这与早期徂徕学派的易学研究有着明显继承与发展的关系。因此,如果说荻生徂徕与太宰春台的易学代表了徂徕学派易学研究的起点,那么,围绕《周易辑疏》所展开的泊园易学则代表了徂徕学派易学研究所抵达的一个终点。

一 《周易辑疏》的版本考察

关西大学泊园文库现藏《周易辑疏》共有两个版本:一为不分卷七册本(白表纸,线装,活字版);一为不分卷四册本(白表纸,线装,活字版)。这两个版本虽然大部分内容都为活字本,但由于某种原因都有缺失,缺失部分的内容则有墨笔手书补足。因此,吾妻重二先生在《关

---

① 关于泊园书院基本情况的介绍,本文参考的专著有吾妻重二编著《泊园书院历史资料集——泊园书院资料集成一》(吹田:关西大学出版社,2010年10月)中相关部分;陶德明《日本汉学思想史论考》中《泊园徂徕学与明治时代的国家主义教育》的相关部分(吹田:关西大学出版社,1999年3月)。论文有吾妻重二《关西大学泊园文库自笔稿本目录について》(收于《アジア文化交流研究》,2010年,第5号)。

② 藤泽东畡、藤泽南岳:《周易辑疏》,关西大学泊园文库藏,珍本图书。其中,七册本编号为LH2*甲*114*1—LH2*甲*114*7;四册本编号为LH2*甲*115*1—LH2*甲*115*4。

西大学泊园文库自笔稿本目录について》中,将《周易辑疏》列为自笔稿本类。

其中,七册本的书籍装帧非常简陋,仅以空白白裱纸为书衣。第一册书衣左上墨笔题有大字"辑疏",小字"乾坤"字样,左下题有"一"字样;第二、三册则分别左上题有大字"辑疏",左下题有"二""三";第四、第六、第七册则仅左下题有"四""六""七";第五册左上大字题有"辑疏",小字"缺明夷",左下小字"五"。七册除第一册以乾坤两卦单独成册外,其余六册每册均包含十卦左右的内容。七册书衣的题注者不知何人,但从第五册的书衣题注可知,题注者当时所及七册中缺少明夷一卦。从今日的七册本来看,虽品相大体完整,但除明夷卦外,还缺同人卦以及贲卦的部分内容。

四册本的装帧较七册本则要美观、庄重一些。四册均制有专门书衣,于封面左上题有"周易辑疏",左下则分别题名"元""亨""利""贞"。从四册本的装帧情况来看,四册间也有差异。其中,元、利、贞三本书衣的装帧款式基本相同,所题字样周围都有长框纹为装饰,所题字样与长框纹装饰应为从他处裁剪制作后贴于封面之上。亨本题字周围无长框纹装饰,乃直接书于原本封面之上。从线装成书的方式看,亨本也与其他三本不同;并且,元、利、贞三本封底内面均盖有"黄坡"字样的朱印,亨本则无。因此,就四册本装帧差异的情况而言,有可能是亨本原封面封底遗失所造成的,也有可能亨本原本就是从他处凑入补齐的。从内容方面来看,四册本每册均包含十五卦左右的内容,"元亨利贞"的册名本身即有始终完整之意,相较七册本,四卷本要更加完整、系统,更像成书一些。七册本中所缺三卦在四册本中都有补齐,但现存的四册本中,恒卦的部分有缺页,未济卦则重出。

七册本第五册封面　　　　　　四册本亨本封面

　　七册本与四册本中同为活字部分的内容并无差异，因而两版所用的活字本应为同一版。墨笔手书的部分，七册本有乾坤《文言》《坤》卦用六的"象曰"部分与需卦；四册本则有乾坤《文言》《坤》卦用六的"象曰"部分与需、讼、小畜、履、恒、明夷六卦。从墨笔手书的存在可以推知，《辑疏》此版活字本在当时印数并不多，因而每部缺漏的部分需要手抄加以补足。墨笔手书部分值得注意的有两点：一、七册本第五册封面题注所缺的明夷卦，在四册本中由墨笔手抄补足；二、七册本墨笔手书的部分根据笔迹可基本断定为南岳亲笔，四册本的笔迹则尚无法确认。两本中，乾坤《文言》同为手书。但七册本将乾坤《文言》分列于乾坤两卦之后，而四册本则将乾坤《文言》合列于坤卦之后。据此可以推断，活字原版中可能并无《文言》的部分，而是由南岳在修订时补充进去的，因而在七册本与四册本中，并没有特别注意其所处的位置。

　　根据以上所述七册本与四册本在装帧、内容与墨笔手书部分的情况，我们可以大致得出：四册本的成书在七册本之后。关于这一点，还必须提到两个版本中都存在的校注情况。校注的内容主要是对活字部分以及墨笔手书部分由于印刷或书写错误所造成的错字进行校正,大多题于同行上端页眉处。两本中校注共有两种:一为墨笔所校,简称墨校;一为朱笔所校,简称朱校。两本中墨校与朱校的情况比较复杂,很难断定何人何时所校,但从两本同为活字本部分的校注来看,共有三种情况:第一,七册本校,四册本无。如"九四或跃在渊"句,"上句此象,下句是占"中"是"改作"此"。七册本校,四册本无;第二,四册本校,七册本无。如"象曰大哉乾元"句,"夫子以大道君道明乾之义"中"大"改作"元"。四册本校,七册本无。第三,两本皆校。如"九二见龙在田"句。"郑玄曰:……地上即田,故程田"中"程"改作"称",两本皆校。需要说明的是,此处两本都为墨校。还有一为墨校,一为朱校的情况,如乾卦"否为射"一句,七册本以朱笔改"射"作"对",四册本则以墨笔改"射"作"对"。从上可知:七册本的校注者与四册本的校注者可能并非同一人,朱校与墨校也非出自一手。同一本内的墨校或朱校是否为一人所作也同样难以确定。

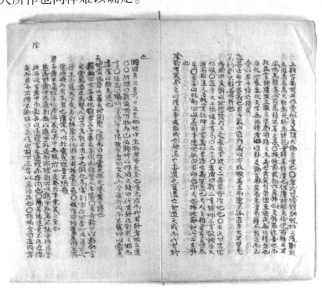

七册本《坤·文言》部分

四册本《坤·文言》部分

但是,从《文言》部分的校注来看,却有一点值得注意:坤卦《文言》"君子黄中通理"一句,辑疏中"阳居阳位是不正近僭矣"中,第一个字,两本都写作"阳",并都校改作"阴"。从两本《文言》前面的墨书情况来看,一般七册本中已经校注改错的部分,在四册本中直接改入正文。如乾卦《文言》"九二曰见龙在田,利见大人,何谓也"句,七册辑疏中有"今之希得职而献媚",改"希"作"欲",在四册本中直接抄为"今之欲得职而献媚";又如"九五曰:飞龙在天,利见大人,何谓也"句,七册辑疏中有"乾纯阳也也",改第一个"也"作"卦",四册本中直接抄为"乾纯阳卦也"。因此,"阳居阳位是不正近僭矣"一句很可能是四册本直接抄了七册本的错句,然后在七册本校对之后,再对四册本进行的校正。与前面直接改入正文的两处相比,七册本校对这一错误的时间要在四册本抄写完成之后。《文言》部分以上两种情况的存在都进一步佐证了我们前面从装帧、内容与墨笔手书三方面所提出的结论:四册本的成书在七册本之后;并且证明了四册本的墨书手书部分很可能是在抄写七册本的基础上完成的。①

二 《易纂》与《周易辑疏》

《周易辑疏》的内容主要包含辑疏与按语两个部分。辑疏部分援引了中日 130 多种易注,搜集了中国自汉至清以及日本江户时代最具代表性的易学作品。其中,经常引用的有"御案"(即《御纂周易折中》中的案语部分,清,李光地),"述义"(《御纂周易述义》,清),"朱子"(《周易本义》与《朱子语类》,宋),"程颐"(《程氏易传》,宋),"孔颖达"(《周易正义》,唐),"孝成"(《周易新疏》,河田东冈,日),"长胤"(《周易经翼通解》,伊藤东涯,日),"佐藤坦"(《周易栏外书》,佐藤一斋,日)等。按语部分则是指"按""恒按(案)""又按"等字样后面的内容。

今人在阅读《周易辑疏》时,经常会遇到两方面的问题:一是在辑疏的部分,通常每条辑引的注疏前都会注明人名或书名,如"长胤曰""述义曰",然而其中有一类是没有表明出处而直接引用的,这类注我们不妨称为无名注。《辑疏》内这类无名注很多,但其出于何处?由何人所作?是否由一人所作?这些问题在《辑疏》内部及南岳的其他著作中都没有说明。二是在按语的部分。南岳名恒,因此,"恒按"的部分毫无疑问应是南岳所作,但"按"或"又按"的部分呢?如果同样是南岳所作的话,为什么在按辞上会有这样的差别?通过对泊园文库相关资料的调查,笔者寻找到了由南岳的父亲藤泽东畡所著的《易纂》。②

---

① 虽然四册本的内容较七册本更加完整,但由于恒卦有缺页。加之七册本《文言》部分为南岳手书,因此对于《周易辑疏》内容的考察,可以四册本为主,合参七册本来看。
② 藤泽东畡:《易纂》,关西大学,泊园文库藏,珍本图书。编号为 LH2 * 甲 * 1-1—LH2 * 甲 * 1-2。

虽然泊园文库其他文献中并没有留下南岳太多关于易学的讨论,但现有的《易纂》本却为解决南岳《辑疏》中的相关问题提供了最为关键的线索。

泊园文库中《易纂》现仅存一部,分为一、二两册。封面题有"东畡先生手泽",因此,泊园文库的这一藏本应为东畡的自笔稿本。其中,第一册包含对小畜、履、泰、否、同人、大有、谦、豫八卦的注解;第二册则包含对随、蛊、临、观、噬嗑、贲、剥、复、无妄九卦的注解。

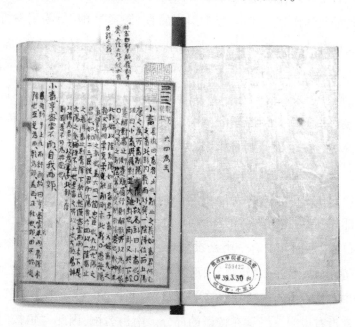

藤泽东畡《易纂》小畜卦

如果将《易纂》中这十七卦的注解与《周易辑疏》相关部分一一对照,可以发现:《周易辑疏》的辑疏部分中,所有引注全部出于《易纂》。《易纂》中东畡按语的部分,分别作"按""愚按"或者"又按"。《辑疏》中相应十七卦中的无名注实际上是东畡在"按"或"愚按"后的按语,只是"按"或"愚按"的字样在《辑疏》中大多被省去。只有在否卦"象曰:……内阴而外阳,内柔而外刚"一句的注解"按,以气言之,以质言之,以人言之,以道言之"与无妄卦的注解"按,天命之至,无致之而至者,无所希望之义也"中保留了《易纂》中原有的"按"字。而《辑疏》中"又按"的内容也统统是东畡在《易纂》中"又按"后的按语,"又按"的字样得以保存。如果南岳在《辑疏》全本中都贯彻了对《易纂》十七卦的裁取体例的话,可以得知:南岳的《周易辑疏》实际上是对东畡《易纂》的继承与发展。《辑疏》中的无名注为东畡所作,是东畡在《易纂》中相关部分的按语。而《辑疏》的按语中,除"恒按(案)"后为南岳亲自所作外,"按"与"又按"后的内容也应为东畡在《易纂》中的按语。反过来,我们也可推知,现存的东畡《易纂》并非全本。《辑疏》中除十七卦外还大量存在的无名注与"按""又按"等按语便证明了这一点。

同时,需要特别指出的是:由于《易纂》为东畡的自笔稿本,因此留下了许多删减与增补的地方。删减处不入《辑疏》,而增补的内容除了题写于原书上外,还有一些是以小纸条的形式粘于原书相关处。这些小纸条所补充的内容有:(1)对辑疏内容的补充。如履卦"象曰上天下泽"一句,《易纂》本相关处的纸条上补充了物茂卿(即荻生徂徕)的解释:"茂卿曰:上天下泽履,尊卑之象也……海则卑而已矣。"(2)对东畡按语的补充。如履卦"象曰履柔履刚也"一句,相关处纸条补充的内容为:"按,长胤以柔为六三爻,述义以柔为兑卦,以下文考之,述义似愈。"(3)南岳的补充。如小畜卦"象曰既雨既处德积载也"一句,相关处纸条的内容为"恒曰:经文尚德载三字恐衍,象传德积载也,解既雨既处之义也"。这些纸条上的内容后来全都直接写入《辑疏》的正文,只在一些细微的地方作了修改,如小畜"恒曰"在《辑疏》中改作"恒按"。从上可知,《易纂》上的纸条应一部分为东畡补入,而另一部分则为南岳所补充。纸条的存在生动地向我们揭示出泊园文库现存的《易纂》本对《辑疏》成书的意义以及在《辑疏》成书过程中所发挥的重要作用。毫无疑问,南岳是以此本《易纂》为起点,经过修订补充之后而发展出《辑疏》一书的。

《辑疏》中南岳对《易纂》的继承主要体现在辑疏部分、东畡对卦爻辞的按语部分以及每爻下的之卦说。他对《易纂》的发展则主要有两个方面：一者为新所题写的"恒按"处的按语；另者则表现为对《易纂》中"卦主说"的修订与"卦对说""卦耦说"的引入。以履卦为例，《易纂》中履卦下有"六三、为成卦之主，而九五，则主卦之主也"，又有补充的按语说："按，成卦之主似当属九四，经文可征也。"可知，东畡的卦主说中有成卦之主与主卦之主的分别；从按语中又可窥知，这种卦主说似乎不是来自东畡自己的发明，因此在按语中他提出了质疑。但在南岳的《辑疏》中则对此卦主说作了修订，直接取主卦之主说："履，以九五为主。"至于卦对、卦耦之说，下文中还将作进一步介绍，在此不作赘述。

通过以上对《易纂》与《辑疏》关系的考察，我们不仅了解了《辑疏》成书的由来，而且对《辑疏》的内容，至此也可以有一个清晰的把握。《辑疏》不仅是对中日易学相关易注的集成，而且也是泊园易学自东畡到南岳的发展综合。因此，《辑疏》中的内容实际可分为三个部分：一为辑疏诸说；二为东畡易说，主要为无名注、"按""又按"后按语部分与之卦说；三为南岳易说，主要为"恒按"的部分与卦主耦对之说。

三 《周易辑疏》的体例

《周易辑疏》的体例包含两个方面，一者为卦爻间相互关系的体例；另一者则为解释卦爻辞时的体例。

1. 四种卦说

《周易辑疏》中，南岳于每卦、每爻的开头部分提出了四种与卦爻相关的体例。如乾卦开头："九五为主，与坤耦，与下经咸对"，初九爻开头"之姤下为巽"等。我们将与卦相关的体例总结为"卦主说""卦对说"与"卦耦说",将与爻相关的体例总结为"之卦说"。其中,"之卦说"承自东畡,"卦主说"是对东畡卦主说的修订,"卦对说"与"卦耦说"则是《易纂》中没有的内容。《辑疏》六十四卦四种卦说的具体内容见文末附表一。

（1）卦主说

易学史中,最具代表性的是王弼的卦主说。《周易略例》中,王弼曾提出"一爻为主"说,他说:"一卦之体,必由一爻为主,则指明一爻之美,以统一卦之义。"① 根据朱伯崑先生的总结②,王弼的"一爻为主"说概括起来有三种情况：一为爻辞直接同卦辞相联系的一爻；如屯卦初九爻,爻辞有"利建侯"句,卦辞亦有"利建侯"句,因此,以初九爻为主；二为居中位之爻,即二五爻。如《讼》卦以九二为卦主；三为一卦中阴阳爻象最少者,如复卦自六二至上六五爻皆阴,以初九阳爻为卦主。但王弼的"一爻为主"并不能解释一切卦义,因此他又补充说："卦体不由乎一爻,则全以二体之义明之。"③ "二体"所指的是一卦的上下两体,如归妹卦,震上兑下,王弼解释其卦义说："妹者,少女之称也。兑为少阴,震为长阳,少阴而承长阳,说以动,嫁妹之象也。"④

同王弼的"一爻为主"说相比较,《辑疏》显然没有完全遵循王弼择取卦主的原则。从《辑疏》中所保留的东畡解释卦主的原则来看：东畡对于卦主的确定并没有一个统一的抽象的原则,而是在每卦的具体语境中选取对该卦语境起决定意义的一爻作卦主。例如解释乾卦（☰）以九五为卦主时说："九五为卦主,盖乾者天道而五则天之象也。乾者君道,而五则君之位也。"坤卦（☷）以六二卦主时说："二中正为主乎下,譬之良臣弼主以传令于天下。"讼卦（☰）以九五为卦主时说："初二

---

① 楼宇烈校释：《王弼集校释》,北京：中华书局,1980年,第165页。
② 朱伯崑：《易学哲学史》,北京：华夏出版社,1995年,第258页。
③ 《王弼集校释》,第615页。
④ 同上书,第487页。

三四皆与上相讼而五决平之。"师卦(䷆)以九二为卦主时说:"以刚在中,乃师之主。以全卦体视之,有队伍为列于前,小队从其后,身在中军以统帅之象",等。①

(2)卦对说

《辑疏》中的"卦对说"是以上经中的诸卦与下经中诸卦相对。如乾对咸,坤对恒。但是,《周易》上经中有三十卦,下经中则有三十四卦,因此,下经中"震""艮""巽""兑"四卦无对。《辑疏》中的"卦对说"是对佐藤一斋《周易栏外书》中"卦对说"的部分继承。乾卦引佐藤一斋《周易栏外书》说:

> 乾坤大夫妇,天道也。咸恒小夫妇,人道也。乾坤又隔十卦有泰否为对,与咸恒隔十卦有损益为对同。②

佐藤一斋不仅以上下经卦依次相对,而且还以乾坤与隔十卦后的泰否为对,以咸恒与隔十卦的损益为对。《辑疏》中的"卦对说"只取前者。关于卦对说的内在意义,佐藤一斋的解释是以乾坤为天道,为资生、资始万物的"大夫妇",因此与咸亨所象征的人道,男女相感婚姻的"小夫妇"相对。《周易正义》曾引韩康伯注曰:"先儒上经明天道,下经明人事"③,因此,卦对说中将上、下经诸卦相对有着将天道与人事相参合的意味在其中。

---

① 需要说明的是:前文曾以履卦为例,介绍了《辑疏》对《易纂》中卦主说的去取情况。但是《辑疏》在去取时并没有贯彻统一的原则。例如履卦只取主卦之主,但《易纂》中否卦"以六二九五为主,六二成卦之主,而九五则主卦之主也",《辑疏》否卦"以六二九五为主",兼取成卦之主与主卦之主。加之南岳对卦主说也没有更多的加以说明,因此,南岳在《辑疏》中卦主说的裁定原则并不清晰。

② 《周易辑疏》,乾卦。

③ 孔颖达:《周易正义》,收于《十三经注疏本》,北京:北京大学出版社,2000年,第397页。

(3) 卦耦说

卦耦之说出于唐代的孔颖达。《周易正义·序卦疏语》中曾以"二二相耦,非覆即变"对六十四卦的排列方式进行过总结。根据孔颖达说,六十四卦以二卦为一组,两两相耦。这种相耦的关系,还包含有两种情况:一种为"覆"。"覆"是指两卦卦画互相颠倒而成,如屯(䷂)与蒙(䷃),将屯卦画颠倒过来便是蒙;另一种则为"变",即两卦以完全相反的方式,阴阳相对而成。如乾(䷀)与坤(䷁),颐(䷚)与大过(䷛),六爻阴阳皆相反对而成。《辑疏》中的卦耦说便是指六十四卦间这种两两相耦的关系。

(4) 之卦说

《辑疏》中的之卦说继承自《易纂》。之卦说是指在每一爻下注明爻变之后的之卦与所在卦体的变卦。如乾卦初九,"之姤下为巽"是指乾卦初九由阳爻变为阴爻之后,所成之卦为姤卦;初九本在下体之中,因此下体由乾变为巽。之卦之说最早出自《左传》占例。《辑疏》中的之卦说常被东畡用来解说卦爻辞。如屯卦(䷂)初九象曰:"虽磐桓,志行正也。以贵下贱,大得民也。"东畡解释说:"坤民也,之卦坤也。"便是以初九爻变,下体为坤卦之象,解释初九象辞中的"民"。

2. 取象体例

从《周易辑疏》中辑引的注疏来看,对卦爻辞的解释兼取取象说与取义说。但从东畡与南岳的按语来看,东畡对于卦爻辞的解释呈现出重视取象的特点,而南岳则偏重于从义理方面进行阐释。如需卦(䷄)初九"需于郊,利用恒,无咎"一句,东畡解释说:"变巽为躁卦,故戒以用恒。"以初九爻变下卦为巽,为躁卦,来解释为何要用恒。南岳对此则说:"恒按,无恒之人,所居皆败,况于向险而进之时乎。世人动则曰耐忍,而不知恒之实为耐忍之基,亦何不思之甚。遇此爻之时者,守恒以立其基,耐忍以待机,则庶几乎成矣。"对爻辞中所提到的"用恒"进行了义理上的发挥。东畡与南岳解易的不同体现了泊园易解的内在张力。但二者同时出现于《周易辑疏》中，却又相互补充，使得泊园易学在取义与取象两端都得以充实。其中，需要特别提出的是东畡的取象说。

东畡在解释卦爻辞时取象非常丰富。其中，颇具代表性的有八卦之象、互体之象、变卦之象、变互之象等。

（1）八卦之象

八卦之象是指《周易》中乾、坤、坎、离、震、艮、兑、巽八个经卦所取之象。《说卦传》中对此有详尽的说明。从《辑疏》来看，东畡所取八卦之象有：

乾：乾为健；乾为天，有万物资始之象；乾为君；乾为衣，为郊，为驳马（注：驳当作骄，骄有牙如锯，能食虎豹。此猛兽，故乾亦为虎）；乾在下，天降休命之象；乾为大车；乾为金。

坤：坤为顺；坤十月，为履霜；坤为民；坤为腹；坤为地，为方国之象；坤为众；坤为师；坤为邑；坤为万民之象；坤为文则之象；坤为土；坤为牛；坤为母；坤为顺道之象；坤为民之象。

坎：坎为寇、为盗；坎为月；坎为水；坎为明；坎能润，为膏；坎为血卦，为加忧、泣血涟如之象；坎为律；坎为桎梏，坎为川；坎为穴；坎为耳；坎一阳在两阴中，为君子在小人中之象；坎为害；坎为不来服之象；坎为北；互坎心病；大坎为疾。

离：离为丽；离为大腹；离为革；离为日；离为朝；离为文明、为法则；离为甲胄；离为戈兵，亦有武人象；离为目；离为分；离为中女；离为婚媾之象；离为外肤之象；离为牛、为大牢；离为礼；离为南；离为火；离为朱，离为朱色；离为火气内郁薰心象。

震：震为动、为出门象；震为足；震为命令；震为大涂；震为决躁；震为萑苇，亦茅类；震为长子、为官之象；震于马为白蹄，又为的颡白颠，为白马。震为仁；震为春气。震为善。震为雷；震为恐惧，震为妄动，震为声乐。

巽：巽为入；巽为命令；巽为进退；巽为忧惕不安之象；巽为近利市三倍，为有富之象。巽为木；巽为绳，为系维之象；巽为风为木，有舟顺风止于前岸之象；巽为臭；巽为不果；巽为躁卦；巽为股即绠象；巽为疑。

艮：艮为止；艮为少男、故为童、为小子；艮为躬；艮为手击也；艮为手指、为掇；艮为门阙、为家、为包容、为牢舍之象；艮为勿用；艮为阍寺、为守阍门者、为阍之象；艮为畜止；艮为东北；艮为曳。

兑：兑为说；兑为少女；兑为羊、为毁折、为解牲而亨祭之象；兑为脱；兑为西；兑为器口；兑为悦；兑为西方、为岐山象；兑为口。

从《辑疏》中的八卦取象来看，大多出自《说卦》传中八卦所取之象。如乾为健、为君、为天、为驳马、为金之象，皆取自《说卦》；但《辑疏》中也有一些是对《说卦》中取象的衍生发挥，如艮为门阙之象，取自《说卦》，但艮为家、为包容、为牢舍则是在艮取门阙之象上的衍生之象；还有一些便是《说卦》中所没有的卦象，如震为命令、为春气、为善、为声乐之类。

同时，《辑疏》的八卦取象还取方位之象。方位之象所指的是八经卦所象征的八个方位。宋代八经卦的方位之象有先天方位与后天方位的区分。先天方位所指的是：乾南、坤北、离东、坎西、震东北、巽西南、艮西北、兑东南。后天方位则出自《说卦》中"万物出乎震，震东方也……"一段，以震为东、巽东南、离为南、坎为北、艮东北、坤西南、兑为西、乾西北。从《辑疏》中八卦所取方位来看，计有"坎北""离南""艮东北""兑西"四种。因此，《辑疏》中八卦所取方位之象皆为出自《说卦》的后天方位。

（2）互体之象

互体之象是指在一卦的六爻中，除内外卦外，另取二、三、四爻与三、四、五爻重新组织成两个经卦。这种由内外卦交互而成的新卦象，称作互体，或互体之象。《辑疏》东畦取互体之象主要是用来解释卦爻辞,如小畜卦(䷈)象曰:"风行天上,小畜;君子以懿文德。"东畡解曰:"互离文明,故曰文德。"以小畜卦中三、四、五爻所互离卦之象来解释象辞中的"文德";又如大有卦六五爻"厥孚交如,威如吉"中,东畡解:"互兑,交如之象。"以六五所处三、四、五爻互体而成的兑卦的卦象,来解释爻辞中的"交如"。

(3)变卦之象

变卦之象则与之卦说相关。如小畜卦(䷈)六四"之乾巽为乾",小畜卦六四原本所处上卦为巽,六四卦变之后,小畜卦变为乾卦,是为之卦。上卦巽变为乾,是为变卦。因此,变卦所指的是变爻所处上卦或下卦在爻变之后的成卦。变卦卦象便是变卦之象。《辑疏》中东畡取变卦之象主要是用来解释爻辞。如前举小畜卦六四"有孚,血去惕出,无咎。"东畡解曰:"巽为进退,是忧惕不安之象,变为乾,乾健也,是忧惕之事去也。"便是以变卦乾之象健,来解释"血去惕出";又如蒙卦(䷃)六五象曰"童蒙之吉,顺以巽也。"东畡解曰:"互坤为顺,变艮为巽,巽,入也"便是用六五爻变上卦所成巽卦来解释其中的"巽"字。

(4)变互之象

互体之象与变卦之象是东畡使用最为频繁的两种取象方式。并且,东畡还将这两种取象方式相结合,提出"变互之象"。如小畜(䷈)九三爻象曰:"夫妻反目,不能正室也。"东畡解作:"变互艮为门阙为阍寺,亦有室家之象。"其中"变互艮"是指九三爻变之后,取九三变爻与四、五爻互体而成艮卦,《说卦》中艮有门阙阍寺之象,衍生亦有室家之象,以此来解释象辞中的"室"字。

我们可以看到,变卦之象中一卦只能取上下两体之卦,而变互之象则突破了上下两体的局限,通过互体之象,使得一卦中能够取四种经卦之象,这就大大丰富了取象的空间。同时,变互之象的提出也解释了一些通过以上取象方式无法解决的爻辞,如上所举小畜九三象中的"室"字,小畜上下两体分别为"巽"卦与"乾"卦,互体有"离卦"与"兑"卦,九三变卦为兑,从八卦取象、互体取象与变卦取象来看,都没有"室"之象。而取变互之象则有艮,这就解释了"室"字取象的由来。

3. 以史传解《易》

《辑疏》中东畡与南岳在解易虽然有取象与取义的不同,但两人都擅长通过引用中国历史上有名的人物与事件来解释卦爻辞,以史证经。如同人卦(☰)中,东畡说:

> 此卦有管仲助桓公纠合诸侯之义,九五即桓公,六二即管仲,如九三九四即他诸侯,如初上非别有人,即六二之所然也。

东畡以管仲襄助齐桓九合诸侯之事来解释"同人"之意;并以六二在下处臣位指管仲,以九五在上处君位来指齐桓,以九三九四指代其他诸侯。

又如小畜(☰)六四"有孚,血去惕出,无咎"一句,南岳则引周公之事加以解释:

> 周公为辅相至矣,而犹不免管蔡之谗,东征三年而后忧始除矣。为臣者安得不鉴于此而慎乎。

其中,周公为辅是举例爻辞中的"有孚",周公有圣人之德,为信于天下,因而为"有孚"。管蔡之谗则举例爻辞中"惕"的内容,三年东征例指"血",忧患始除则例指"血去惕出,无咎"。

中国易学史中引史解易比较著名的有宋代杨万里的《诚斋易传》。《四库提要》评论其书时曾说:"圣人作易,本以吉凶悔吝示人事之所从,箕子之贞,鬼方之伐,帝乙之归妹,周公明著其文,则三百八十四爻可以例举矣。舍人事而谈天道,正后儒说易之病……"① 《提要》前句是

---

① 《四库全书总目提要》,卷三,经部三。

说易经爻辞中本就有历史的内容,如箕子之贞等。这就证明了以史解易的合理性;后句如果从正面来讲,是说对于易经的理解恰恰要将天道与人事相结合。因此,东畡与南岳引史证易实际上与前文卦对说的内在理路相一致,即以人事与天道相参来理解易经。

四 《周易辑疏》的思想特点

关于《周易》的性质,南岳在《易本义》①一篇中曾说:"本卜筮之书,非教典之经。虽然,系辞曰君子居则观其象而玩其辞,动则观其变而玩其占。由是观之,义理之书不外于此经。故学以为经,以修身,以治国,不啻玩占而已。"在他看来,《周易》虽本卜筮之书,但《系辞》中"两观两玩"之说却证明周易同样也是义理之书。因此,《周易》不仅仅为占筮之用,更是修身、治国的经典。从《周易辑疏》中东畡与南岳所发挥的思想内容中同样可以看到,东畡、南岳虽有解易上的不同,但二者在思想上却有明显的继承关系。这表现为无论是东畡取象、还是南岳取义,最终指向的都是对《易经》中修身治国之道的发挥。

1. 圣人制礼

《辑疏》中解易,以天道与人事相参。在东畡与南岳看来,沟通天道与人事的关键在于圣人制礼。圣人因天道而制作礼乐,从而奠定了

---

① 藤泽南岳:《七香斋杂纂一》,自笔稿本,关西大学泊园文库藏,编号为 LH2＊甲＊133＊1。泊园文库中与泊园易学相关的资料整体上来说并不多,除《易纂》《周易辑疏》外,笔者仅发现《七香斋杂纂一》一册有相关内容的讨论。《杂纂一》中,除《易本义》一篇外,还有《彖象义》《上下经义》两篇。从内容上来看,主要有评述与辑疏两部分。评述为南岳对相关主题的看法,辑疏则是对相关易注的辑引。其中《上下经义》中只有辑疏的部分。《易本义》评述的内容见上引文。《彖象义》中评述的内容则主要是讲"四圣作易"的观点,即伏羲作八卦,文王作卦辞,周公作爻辞,孔子作十翼。

人间秩序的基础,利物而厚生。《易》经首以乾坤讲明万物资始、资生之道,东畎在解释乾卦"首出庶物,万国咸宁"时,说:

> 庶物,礼乐刑政之类,圣人之所立者。首出二句,言制作也。

因此,乾坤资始万物,而由圣人"首出"制作礼乐刑政,从而使得"万国咸宁"。在东畎看来,圣人制礼,上"因自然之道"①,下顺"万民性情"②,足以辨上下、定民志。而南岳则在对革卦象辞"君子以治历明时"的解释中进一步阐发了圣人制礼中"制作"的必要性:

> 恒按,五纪之动,天也,君子治之明之,而民仰其泽,世之舍治明之工夫,徒从天道者,亦多,皆未知制作之妙用也。

在南岳看来,顺因天道并不是"徒从天道"。在对天道的顺因中,必须要有君子"治明"的工夫参与其内。以革卦象辞为例,天有五纪之动,君子以治明之工制作历法,授民以时。这就发显了制造的妙用。因此,圣人制礼,是在明治之工中体现对于天道的顺因。

乾坤发育万物,圣人制礼以安万民。那么,作为君子应当如何修养自身呢？东畎在对坤卦"君子敬以直内,义以方外"一句解释时说:

> 君子以礼制心,以义制事。

坤卦"敬以直内"曾被程朱理学发展为"主敬涵养"的修养工夫。但东畎在这里,却用"以礼制心"来解释"敬以直内"。东畎看来,"以礼

――――――

① 《周易辑疏》,贲卦,东畎注象辞曰:"圣人因自然以立礼也。"
② 《周易辑疏》,乾卦,东畎注"乾始能以美利利天下而不言所利"一句曰:"随万民性情制作礼乐。"

制心"是指通过圣人所制之礼,来使人心能够归丽于正。① 与程朱理学所主张的"主敬涵养"相比,"主敬涵养"所强调的是依靠主体的自我察省,从而使内心能够达到一种专一醒觉的状态;而"以礼制心"则更多的强调要通过外在的圣人之礼来约束自我内在的心。在东畡看来,君子所愿、所学的圣人之道就是圣人所制作的礼乐制度("其道即礼乐制度"②),因此,"以礼制心"才是从君子达致圣人的修养方法。

2. 天德为首

东畡思想中最为理想的政治状态是乾卦用九象传所讲:"用九,天德不可为首也。"东畡解释说:

> 天德,即指九五位乎天德者。天下既平诸侯皆顺之象,言其主实天德也,不可敌也。

与此相关的,则是对于用九爻辞"用九,见群龙无首,吉"的解释:

> 见群龙,割据象,无首,雌伏象,天下定于一也。

这两处的解释从割据和治平两个方面阐发了用九爻、象中的政治意味。东畡看来,从群龙割据到天下雌伏的关键在于天德,也就是"天下定于一"中的"一"。乾卦九五通常被看作天子之位,天子若能位乎天德,那么就能天下无敌,诸侯顺服。东畡在解释乾卦九五"飞龙在天"时说:

> 发政施令,赏罚以劝惩万姓者,有位者之常典。然而惟有德者

---

① 《周易辑疏》,离卦。
② 《周易辑疏》,恒卦。

而后能之。若其无德,则政令不足以服民心。故为人君者,宜先修其天爵以保其位也已。

因此,作为人君应当修其天爵以保其人爵。那么,人君如何才能修养天德呢?在解乾卦初九《文言》时,东畡说:

学问,所以成德也。

如果说天下治平的关键在于天德的话,那么学问则是关键中的关键。因此,南岳在解释大畜卦的象传"君子以多识前言往行,以畜其德"时又进一步补充说:

恒按,多识,即学也。学以养德,可以知人,可以应天,是以象传所述,亦实原于多识,若夫无妄之从命,亦自多识得来,苟无学则何能安命乎,何能知贤而养之乎,何能对时育物乎。

我们可以看到:东畡、南岳理想的政治状态实际上是一种基于封建制基础上的德治,居于中心地位的,则是他们所倡导的学问论。这种学问论其实也是某种意义上的君主教养论,即要求君主通过学问去涵养道德,进而能安命,能知而养贤,能应天育物,最终能"育万姓,制礼乐以保千祀"①。

如果足够细心的话,还可以发现:东畡、南岳至此对于《易》经所作政治思想上的发挥实际上使得对于乾卦经文前后相关处的理解出现了一个矛盾。一方面,东畡以"圣人制礼"来解释乾《彖》中的"首出庶物";另一方面,乾卦用九爻象辞却明讲"无首","不可为首"之意。东畡显然也意识到了这一矛盾,因此,在对"天德不可为首"一句的解释中,他说:

---

① 《周易辑疏》,坤卦。

群雄雌伏顺之,是不可擅为首也。为首之为,犹仁不可为众之为也。

这里,"为首之为,犹仁不可为众之为也"中"仁不可为众"出自《孟子·离娄上》,为孟子讲殷周变革时引用孔子之语。其意朱子解释说:"言商之孙子众多,其数不但十万而已,上帝既命周以天下,则凡此商之孙子,皆臣服于周矣。所以然者,以天命不常,归于有德故也……孔子因读此诗,而言有仁者则虽有十万之众,不能当之。故国君好仁,则必无敌于天下也。"①朱子之解符合孟子本义。所以"仁不可为众"是说仁为道德,与人数的多少,现实力量的强弱并没有关系。人数再多,现实力量再强,也不能成为仁,更无法与仁相抵抗。因此,"天德不可为首"并不是说天德不能够作为"首"——"首出庶物"一句便已证明东畡理想的政治中恰恰是要以天德为首,由圣人或在上的君主修养天德、"首出"制礼而使万国咸宁;而是说天德与是否现实为首并没有关系,换句话讲,即便诸侯在现实中能够擅权为首,也不能成为与代表天德,更无法与天德相对抗。所以"天德不可为首"之"为"所包含的曲折含义实际指向的是臣下不得擅权为首这一意味。这就解决了上面所说的矛盾。

东畡对"天德不可为首"的解释从解易的角度来说,或许有些费解。但如果我们将之放入到其所处江户时代天皇虚君、德川幕府将军擅权为首的历史背景中,这一"曲解"所包含的政治意义便能清楚的表现出来。还需说明的是,孟子引"仁不可为众"所讲是殷周革命之事,在孟子看来,仁或天德是可以转移的,因而代表天德的人间君位也可以革易——天命不靡常,惟有德者居之。所以孟子以汤武革命为圣人之事,亦不尊周室,劝梁惠、齐宣以王。但在东畡看来,天德是与九五之位紧密相联、不能分离的。所以他所说:"天德,即指九五位乎天德者。"对于处于下位者而言,其德只能为辅助君主的贤德,而不能为代替君主

---

① 朱熹:《四书章句集注》,北京:中华书局,1983年,第279页。

的天德。所以,东畹对孟子曾提出过激烈的批评;而他在易学中的这一思想也同《原圣志》①中以日本皇统万世一系为周孔之道,不取异姓革命之说形成了有趣的对照。

《周易辑疏》虽为泊园学派经学研究的代表之作,但自其成书以来,却一直沉寂于泊园书院的藏书之中。因此,在本章的开头部分,笔者利用大量篇幅详细考察了《辑疏》的版本情况,并提出现有的两种版本中,四册本的成书要晚于七册本。通过对泊园文库中关联资料的调查,笔者还发现了在《辑疏》成书过程中起有决定性意义的《易纂》一书。南岳所作《辑疏》实际上是对《易纂》的继承与发展。通过对《易纂》与《辑疏》相关部分的比照分析,笔者才得以解决现有《辑疏》中存在的问题,厘清了《辑疏》的基本内容;并对《辑疏》中泊园易学的解易体例进行了归纳与总结。

《周易辑疏》中,东畹与南岳在解易上有着取象与取义的不同,但是二人在解释《周易》时都偏重在政治哲学上的发挥。泊园学统承自荻生徂徕一脉。从《辑疏》中东畹与南岳所表达的政治思想来看,"圣人制礼""道即礼乐制度""君子以礼制心、以义制事"这些命题都非常清晰地表露了泊园易学对徂徕学派思想的继承关系。因此,《周易辑疏》不仅是南岳综合泊园两代易学研究的成果,也是徂徕学派在易学研究上所抵达的一个终点。

对于南岳自身来说,虽然他亲身参与、经历了从幕末到维新的剧烈时代变化,但其治学精神与方法却并没有因为时代而发生改变。从《辑疏》中我们可以看到,南岳的研究始终贯彻的是徂徕学的基本精神

---

① 泊园社藏校《泊园家言》(关西大学图书馆藏)。如《原圣志》中东畹说:"或以为言异姓之主者,差矣。易姓者,夫子所讳,故其称至德,以三让,以服事,未尝有片语及放伐也。"又有"周室绵绵,犹本邦皇统也。……皇统一系,有与夫子之志符者。……"陶德明先生在《泊园徂徕学与明治时代的国家主义教育》中亦指出东畹在解释《论语》"其或继周者,虽百世亦可知也"一句时,反对朱子解"王者异姓受命为一世"。

与传统汉学的研究方法。这也从学术思想史的角度赋予了泊园易学研究以更加丰富深远的意义。

附表一①

卦名	卦主说	卦对说	卦耦说	之卦说					
				初爻	二爻	三爻	四爻	五爻	上爻
乾	以九五为主	与下经咸对	与坤耦	之姤下为巽	之同人下为离	之履下为兑	之小畜上为巽	之大有上为离	之夬上为兑
坤	以六二为主	与恒对		之复下为震	之师下为坎	之谦下为艮	之豫上为震	之比上为坎	之剥上为艮
屯	以初九为主	与下经遯对	与蒙耦	之比震为坤	之节震为兑	之既济震为离	之随坎为兑	之复坎为坤	之益坎为巽
蒙	以九二为主	与大壮对		之损坎为兑	之剥坎为坤	之蛊坎为巽	之未济艮为离	之涣艮为巽	之师艮为坤
需	以九五为主	与晋对	与讼耦	之井乾为巽	之既济乾为离	之节乾为兑	之夬坎为坤	之泰坎为坤	之小畜坎为巽
讼	以九五为主	与明夷对		之履坎为兑	之否坎为坤	之姤坎为巽	之涣乾为巽	之未济乾为离	之困乾为兑

---

① 说明:(1)七册本坤卦有"用六,之乾上下全变";(2)震、艮、巽、兑四卦无对卦;(3)渐卦活字本漏印卦主,对卦,耦卦;四册本中有墨笔补齐;(4)下划线为活字本漏印,笔者根据体例补齐;(5)巽卦,活字本作"与兑对",无耦卦,通前例应误。应为"与兑耦"。

续　表

卦名	卦主说	卦对说	卦耦说	之卦说					
				初爻	二爻	三爻	四爻	五爻	上爻
师	以九二为主	与家人对	与比耦	之临坎为兑	之坤坎为坤	之升坎为巽	之解坤为震	之坎坤为坎	之蒙坤为艮
比	以九五为主	与睽对		之屯坤为震	之坎坤为坎	之蹇坤为艮	之萃坎为兑	之坤坎为坤	之观坎为巽
小畜	以六四为主	与蹇对	与履耦	之巽乾为巽	之家人乾为离	之中孚乾为兑	之乾巽为乾	之大畜巽为艮	之需巽为坎
履	以九五为主	与蹇对		之讼兑为坎	之无妄兑为震	之乾兑为乾	之中孚乾为巽	之睽乾为离	之兑乾为兑
泰	以九二六五为主	与损对	与否耦	之升乾为巽	之明夷乾为离	之临乾为兑	之大壮坤为震	之需坤为坎	之大畜坤为艮
否	以六二九五为主	与益对		之无妄坤为震	之讼坤为坎	之遯坤为艮	之观乾为巽	之晋乾为离	之萃乾为兑
同人	以六二为主	与夬对	与大有耦	之遯离为艮	之乾离为乾	之无妄离为震	之家人乾为巽	之离乾为离	之革乾为兑
大有	以六五为主	与姤对		之鼎乾为巽	之离乾为离	之睽乾为兑	之大畜离为艮	之乾离为乾	之大壮离为震

续　表

卦名	卦主说	卦对说	卦耦说	之卦说					
				初爻	二爻	三爻	四爻	五爻	上爻
谦	以九三为主	与萃对	与豫耦	之明夷 艮为离	之升 艮为巽	之坤 艮为坤	之小过 坤为震	之蹇 坤为坎	之艮 坤为艮
豫	以九四为主	与升对		之震 坤为震	之解 坤为坎	之小过 坤为艮	之坤 震为坤	之萃 震为兑	之晋 震为离
随	以初九九五为主	与困对	与蛊耦	之萃 震为坤	之兑 震为兑	之革 震为离	之屯 兑为坎	之震 兑为震	之无妄 兑为乾
蛊	以六五为主	与井对		之大畜 巽为乾	之艮 巽为艮	之蒙 巽为坎	之鼎 艮为离	之巽 艮为巽	之升 艮为坤
临	以初九九二为主	与革对	与观耦	之师 兑为坎	之复 兑为震	之泰 兑为乾	之归妹 坤为震	之节 坤为坎	之损 坤为艮
观	以九五上九为主	与鼎对		之益 坤为震	之涣 坤为坎	之渐 坤为艮	之否 巽为乾	之剥 巽为艮	之比 巽为坎
噬嗑	以六五为主	与渐对	与贲耦	之晋 震为坤	之睽 震为兑	之离 震为离	之颐 离为艮	之无妄 离为乾	之震 离为艮
贲	以六二为主	与归妹对		之艮 离为艮	之大畜 离为乾	之颐 离为震	之离 艮为离	之家人 艮为巽	之明夷 艮为坤

续　表

卦名	卦主说	卦对说	卦耦说	之卦说					
				初爻	二爻	三爻	四爻	五爻	上爻
剥	以上九为主	与丰对	与复耦	之颐坤为震	之蒙坤为坎	之艮坤为艮	之晋艮为离	之观艮为巽	之坤艮为坤
复	以初九为主	与旅对		之坤震为坤	之临震为兑	之明夷震为离	之震坤为震	之屯坤为坎	之颐坤为艮
无妄	以初九为主	与涣对	与大畜耦	之否震为坤	之履震为兑	之同人震为离	之益乾为巽	之噬嗑乾为离	之随乾为兑
大畜	以上九为主	与节对		之蛊乾为巽	之贲乾为离	之损乾为兑	之大有艮为离	之小畜艮为巽	之泰艮为坤
颐	以上九为主	与中孚对	与大过耦	之剥震为坤	之损震为兑	之贲震为离	之噬嗑艮为离	之益艮为巽	之复艮为坤
大过	以九二为主	与小过对		之夬巽为乾	之咸巽为艮	之困巽为坎	之井兑为坎	之恒兑为震	之姤兑为乾
坎	以九五为主	于既济对	与离耦	之节下为兑	之比下为坤	之井下为巽	之困上为兑	之师上为坤	之涣上为巽
离	以六二为主	与未济对		之旅下为艮	之大有下为乾	之噬嗑下为震	之贲上为艮	之同人上为乾	之丰上为震

续 表

卦名	卦主说	卦对说	卦耦说	之卦说					
				初爻	二爻	三爻	四爻	五爻	上爻
咸	以九四为主	与上经乾对	与恒耦	之革艮为离	之大过巽为巽	之萃艮为坤	之蹇兑为坎	之小过兑为震	之遁兑为乾
恒	以九二为主	与坤对		之大壮巽为乾	之小过巽为艮	之解巽为坎	之升震为坤	之大过震为兑	之鼎震为离
遁	以九五为主	与屯对	与大壮耦	之同人艮为离	之姤艮为巽	之否艮为坤	之渐乾为巽	之旅乾为离	之咸乾为兑
大壮	以九二为主	与蒙对		之恒乾为巽	之丰乾为离	之归妹乾为兑	之泰震为坤	之夬震为兑	之大有震为离
晋	以六二六五为主	与需对	与明夷耦	之噬嗑坤为震	之未济坤为坎	之旅坤为艮	之剥离为艮	之否离为乾	之豫离为震
明夷	以六二为主	与讼对		之谦离为艮	之泰离为乾	之复离为震	之丰坤为震	之既济坤为坎	之贲坤为艮
家人	以六二为主	与师对	与睽耦	之渐离为艮	之小畜离为乾	之益离为震	之同人巽为乾	之贲巽为艮	之既济巽为坎
睽	以九二六五为主	与比对		之未济兑为坎	之噬嗑兑为震	之大有兑为乾	之损离为艮	之履离为乾	之归妹离为震

续　表

卦名	卦主说	卦对说	卦耦说	之卦说					
				初爻	二爻	三爻	四爻	五爻	上爻
蹇	以九五为主	与小畜对	与解耦	之既济艮为离	之井艮为巽	之比艮为坤	之咸坎为兑	之谦坎为坤	之渐坎为巽
解	以九二六五为主	与履对		之归妹坎为兑	之豫坎为坤	之恒坎为巽	之师震为坤	之困震为兑	之未济震为离
损	以六五为主	与泰对	与益耦	之蒙兑为坎	之颐兑为震	之大畜兑为乾	之睽艮为离	之中孚艮为巽	之临艮为坤
益	以九五为主	与否对		之观震为坤	之中孚震为兑	之家人震为离	之无妄巽为乾	之颐巽为艮	之屯巽为坎
夬	以九二为主	与同人对	与姤耦	之大过乾为巽	之革乾为离	之兑乾为兑	之需兑为坎	之大壮兑为震	之乾兑为乾
姤	以九五为主	与大有对		之乾巽为乾	之遁巽为艮	之讼巽为坎	之巽乾为巽	之鼎乾为离	之大过乾为兑
萃	以九五为主九四次之	与谦对	与升耦	之随坤为震	之困坤为坎	之咸坤为艮	之比兑为坎	之豫兑为震	之否兑为乾
升	以初六为主	与豫对		之泰巽为乾	之谦巽为艮	之师巽为坎	之恒坤为震	之井坤为坎	之蛊坤为艮

续表

卦名	卦主说	卦对说	卦耦说	之卦说 初爻	二爻	三爻	四爻	五爻	上爻
困	以九二九五为主	与随对	与井耦	之兑坎为兑	之萃坎为坤	之大过坎为巽	之坎兑为坎	之解兑为震	之讼兑为乾
井	以九五为主	与蛊对		之需巽为乾	之蹇巽为艮	之坎巽为坎	之大过坎为兑	之升坎为坤	之巽坎为兑
革	以九五为主	与临对	与鼎耦	之咸离为艮	之夬离为乾	之随离为震	之既济兑为坎	之丰兑为震	之同人兑为乾
鼎	以六五上九为主	与观对		之大有巽为乾	之履巽为艮	之未济巽为坎	之蛊离为艮	之姤离为乾	之恒离为震
震	以初九为主		与艮耦	之豫下为坤	之归妹下为兑	之丰下为离	之复上为坤	之随上为兑	之噬嗑上为离
艮	以上九为主			之贲下为离	之蛊下作巽	之剥下为坤	之旅上为离	之渐上为巽	之谦上为坤
渐	以六二九五为主	与噬嗑对	与归妹耦	之家人艮为离	之巽艮为巽	之观艮为坤	之遯巽为乾	之艮巽为艮	之蹇巽为坎
归妹	以六五为主	与贲对		之解兑为坎	之震兑为震	之大壮兑为乾	之临震为坤	之兑震为兑	之睽震为离

续 表

卦名	卦主说	卦对说	卦耦说	之卦说					
				初爻	二爻	三爻	四爻	五爻	上爻
丰	以六五为主	与剥对	与旅耦	之小过离为艮	之大壮离为乾	之震离为震	之明夷震为坤	之革震为兑	之离震为离
旅	以六五为主	与复对		之离艮为离	之鼎艮为巽	之晋艮为坤	之艮离为艮	之遯离为乾	之小过离为震
巽	以九五为卦主		与兑耦	之小畜下为乾	之渐下为艮	之涣下为坎	之姤上为乾	之蛊上为艮	之井上为坎
兑	以九二九五为主			之困下为坎	之随下为震	之夬下为乾	之节上为坎	之归妹上为震	之履上为乾
涣	以九五为主	与无妄对	与节耦	之中孚坎为兑	之观坎为坤	之巽坎为巽	之讼巽为乾	之蒙巽为艮	之坎巽为坎
节	以九五为主	与大畜对		之坎兑为坎	之屯兑为震	之需兑为乾	之兑坎为兑	之临坎为坤	之中孚坎为巽
中孚	以九五为主	与颐对	与小过耦	之涣兑为坎	之益兑为震	之小畜兑为乾	之履巽为乾	之损巽为艮	之节巽为坎
小过	以六二六五为主	与大过对		之丰艮为离	之恒艮为巽	之豫艮为坤	之谦震为坤	之咸震为兑	之旅震为离

续 表

卦名	卦主说	卦对说	卦耦说	之卦说					
				初爻	二爻	三爻	四爻	五爻	上爻
既济	以六二为主	与坎对	与未济耦	之蹇离为艮	之需离为乾	之屯离为震	之革坎为兑	之明夷坎为坤	之家人坎为巽
未济	以六五为主	与离对		之睽坎为兑	之晋坎为坤	之鼎坎为巽	之蒙离为艮	之讼离为乾	之解离为震

第六章

日本近世的易占
—— 以海保渔村的《周易古占法》为中心

日本近世易学的发展，可以从两个方面来加以把握：一是在经学的层面，学者们对于易学的研究与传习；另一则是在实践层面，社会各阶层对于易占的整理与运用。有关后者，近年来，奈良场胜在《近世易学研究——江户时代の易占》一书中曾作过开创性的贡献。奈良氏指出：江户时代的易占具有"即时占"的性格。[①] 这一论断的得出主要是基于对江户中期易占书籍的考察，其中尤以新井白蛾（1714—1792）[②]的《易学小筌》为代表。

从白蛾易占的特点及《易学小筌》在江户中期的影响来说，奈良氏对江户易占"即时占"性格的揭示无疑极富洞见，但仅此尚未触及江户

---

① 奈良场胜：《近世易学研究——江户时代の易占》，东京：おうふう，2010 年，第 1 页。
② 新井白蛾（1714—1792），名祐登，字谦吉，号白蛾、黄洲、古易馆。白蛾初年从三宅尚斋门人菅野兼山学朱子学，有高才，二十二岁于江户聚徒教授。然其时徂徕学兴，白蛾自知不能与之抗，去游京都，精敷易学并以此名家。白蛾易著有《易学小筌》《梅花易评注》《易学类编》等十数种，其中，以《易学小筌》最为有名，直至明治时代仍不断再版发行。白蛾易学主于占筮，尝称："易也者，活物也，孜孜于章句而以为死物焉。"（《易学小筌序》）又称："魏晋之人，淆乱于玄虚，宋元之儒，拘束于性理。"（《古易一家言》）于邵雍易学，宗主有加，称："邵子既立卓而，不肖伏所希窥邵子之万一。"（《古易精义》）其占筮，专主卦象，不取掷钱、星命、飞伏、纳甲、杂占等，以《焦氏易林》《断易天机》之类为俗书而鄙弃之。然于《梅花心易》，虽斥之为伪作，但其中言邵雍占法占例处资之甚多。其占声名播于妇孺，世称"古易中兴"。

易占的内里。以白蛾为例,据《先哲丛谈后编》:"白蛾既平安唱易说,生徒辐辏,然当时儒流,目之为占筮家,贱其所为",直到后来拜访在易学方面颇富名望的芥丹邱,与之纵论历代易学醇疵,得到芥丹邱的高度评价之后,"儒流皆知白蛾精于易学,非世所称占筮者"①。可见,白蛾的"即时占"虽流行于世,但起初遭到了儒流的误解。这一误解折射出在江户易占发展的过程中一直存在着一个深厚的传统——儒流即社会主流知识精英的易占传统。在儒流看来:易占是易学乃至儒学的一部分,易占的施用与圣人之道密不可分。因此,在这一传统中,对易占的承认有着严格的界限:他们将自身与所谓"占筮家"的易占区别开来。这里的"占筮家",是指民间以占筮为业之人。② 这些人以占筮自鬻,以之为谋求利禄进身的工具。因而为儒流所鄙。白蛾易占的彻底流行正是因为获得了儒流传统的检验与承认。而奈良氏论断的缺憾也恰是源于对这一贯穿整个江户时代、处于主体地位的易占传统的忽略。

本章研究主要是以海保渔村《周易古占法》为中心所做的考察。海保渔村是江户后期考证学派的殿军,其所作《周易古占法》是儒流的易占传统中最为杰出的代表③。从《周易古占法》可以看出,儒流易占的一个重要特点在于:他们的易占理论与方法始终紧扣朱易的主题,不管是赞同朱易,还是反对朱易,他们始终是在与朱子《启蒙》《本义》中

---

① 东条耕子藏:《先哲丛谈后编》,东京:国史研究会,1916年,第45—46页。原文:"白蛾既平安唱易说,生徒辐辏,然当时儒流,目之为占筮家,贱其所为,尝诣芥丹邱,相与论易。……(芥丹邱)举王弼、韩康伯、程颐、朱子诸家之说相与谈论,白蛾商榷历代百三十有余家,指摘其说醇疵,悍然曰:'魏晋之人,淆乱于玄虚,宋元之儒,拘束于性理,咸迂远于易义。'丹邱然焉,后著《古义对问序》云:'白蛾氏易学,显微阐幽,悉削后儒陋见,别立一家之旨'。丹邱此言一出,皆知白蛾精于易学,非世所称占筮者。"原文为日文,此文系笔者自译。

② 小川显道的《尘塚谈》中曾将这样的占筮家细分为三类:在街角摆摊以相命占卜为生者,称为"立见";开馆授徒的为"鞘打";应召登门的占者为"仕切"。见吴伟明:《易学对德川日本的影响》,香港:香港中文大学出版社,2009年,第36页。

③ 有关《周易古占法》的先行研究,笔者所及仅有安井小太郎在《日本儒学史》中(富山房,1939年)所做的简略介绍。

占筮理论与方法的对话中展开的。可以说,正是朱子的易占构成了日本近世易占发展的底色。而这点,与日本近世易学发展的整体特点是相一致的。

一 海保渔村的生平与易著

海保渔村,名元备,字纯卿。老别名纪之,字春农。渔村其自号,宽政十年(1798)生于南总武射郡北清水邑(今千叶县山武郡横芝光町北清水),卒于庆应二年(1866)。渔村事迹,见其养子海保元起《渔村海保府君墓碣》及《渔村海保府君年谱》①。据《墓碣》:"(海保)气貌淳古,寡言笑。不喜闲语空谈。其接人,一以淳厚和平,不俯仰以取容,亦不矫激以矜气节。"②《墓碣》中有渔村自述:"处士无他所长,唯略知读书,亦唯纯乎一于治经。"③渔村治经的特点在于以汉儒经说为宗,并旁征三部,曾谓:

> 汉经师说,虽有异同,要得之于七十子遗传。则今日治经,唯当原之于注疏,徵诸各经,参之于史子集之言,辨订其异同,严敷其是非,以求合于古圣贤立言之指。如是焉耳。凡宋以后,好自抒心得者,一切置之不取也。④

渔村的经说杂著共计三十余种。《年谱》中附有门人和泉平松修《渔村

---

① 海保元起:《渔村海保府君年谱》,渔村先生纪念会编,东京:渔村先生纪念会,1938年。按:元起为渔村兄之子,其兄早殁,由渔村抚之成人。
② 海保元起:《渔村海保府君墓碣》,收于《渔村海保府君年谱》,渔村先生纪念会编,东京:渔村先生纪念会,1938年,第2页。
③ 同上。
④ 同上书,第3页。

先生著述书目》①。据《书目》，渔村于《易》《诗》《书》及《论语》有《汉注考》，于《中庸》《大学》有《郑氏义》，于《孝经》《孟子》并有《补正》等。

就易学方面而言，文政四年（1821），渔村至江户（近东京）受业于大田锦城（1765—1825）②门下。文政七年，锦城口授《周易》于渔村。天保六年（1835），渔村于塾内开讲《周易》。天保十一年春，《周易古占法》刻成。嘉永三年（1850）秋，获旧抄单疏，作《周易校勘记举正》。嘉永六年，校正《周易汉注考》。其中，《周易校勘记举正》③，《书目》中又名《周易正义点勘》，据《书目》：《举正》"依旧抄单行正义，以刊正注疏本之讹，并补阮氏校勘记之遗。"《周易汉注考》④的具体写作时间《年谱》中未详，《书目》称其："主汉人易说，而郑氏爻辰、虞氏卦变类在所不取。参以宋以后诸家说，而宋易亦在所不取。"《周易古占法》⑤则是渔村生前唯一刊刻流行的易学著作。据《年谱》："初周易古占法刻成，出羽庄内文学大瀬准次见之曰：徂翁以来无此作。命其弟子水野重高受业于君门。"⑥此处，"徂翁"是指古文辞学派的创立者荻生徂徕⑦，由此可见《周易古占法》当时便极受时人推重。

---

① 和泉平松修：《渔村先生著述书目》，收于《渔村海保府君年谱》，渔村先生纪念会编，东京：渔村先生纪念会，1938年，第1页。

② 大田锦城（1765—1825），名元贞，字公干。著有《九经谈》等。关于大田锦城的研究，可参考金谷冶：《日本考证学派的成立——以大田锦城为中心》，收于源了圆《江户后期的比较文化研究》，东京：ぺりかん社，1990年，第33—88页。

③ 海保渔村：《周易校勘记》，今收于关仪一郎《儒林杂纂》，东京：东洋图书刊行会，1938年。

④ 海保渔村：《周易汉注考》，21卷，今仅有自笔稿本藏于日本国立国会图书馆。

⑤ 海保渔村：《周易古占法》，4卷，本书所使用的是关西大学图书馆藏冈本况斋的抄本。

⑥ 海保元起：《渔村海保府君年谱》，收于《渔村海保府君年谱》，渔村先生纪念会编，东京：渔村先生纪念会，1938年，第36页。

⑦ 有关徂徕学派的易学研究，可参见拙稿《易道与政道——太宰春台的易学研究》，《东アジア文化交涉研究·东アジア文化研究科开设记念号》，2012年，第207—223页。

二 《周易古占法》的结构与内容

1.《周易古占法》的篇章结构

据《日本古典籍综合目录》,《周易古占法》的自笔稿本现藏于东京大学图书馆,笔者尚无缘亲见。但据《综合目录》中所载天保十一年刊本、明治刊本及笔者所参考的关西大学馆藏抄本的情况来看,均为四卷本。从抄本四卷的篇章结构来说,体例严明,四卷环环相扣。

第一卷为序例第一,这也是全书的总章,总叙其所言古占法的义例;第二卷则条析缕清地展示义例中遇不同爻变时取占原则抽绎的过程及相关核心要素,既而在此基础之上,考辨朱子占法之得失;第三卷则进一步考订《启蒙》《本义》中的揲蓍之法;第四卷与解占相关,包括对汉魏九家及虞氏逸象的整理及作为辅翼之用的相关易图。此外,四卷前还有《周易古占法题辞》一篇。四卷之中,最核心的部分莫过于第一、二卷,也就是与渔村所谓"古占法"相关的内容。

2. 渔村的古占法

渔村作《周易古占法》缘起自其早年从学于大田锦城时的经历。《题辞》中说道:

> 愚尝从锦城先生受易义时,获侍燕间,又闻左传疑误之处。先生之学,寻坠绪,继绝学,其于周易用功最密,常慨古周易之占法难复,左传诸筮之有所不通焉。然则此区区者虽未敢言无遗误,亦庶几先生寻坠继绝之志也。①

---

① 《周易古占法》,第4页。

但与锦城以"左传诸筮有所不通"不同,渔村的古占法恰是在寻绎《左传》与《国语》诸筮的基础上得出的。渔村看来:

> 周易占法,唐以后几成绝学。其可考见于今者,唯有左氏内外传及杜元凯左传注焉耳,盖左氏所载周太史之遗法存焉。当魏晋时,师法具在,是以其言实与京氏占法及郑氏易纬注相密合。及征之唐以上史传所记诸古人占事,亦弥不符同,深幸古义之存得以窥千余年蘊蕴之秘。①

据此,可见渔村作古占法时的原则与方法:第一,《左传》《国语》的筮例中保存有周太史的遗法,此处,渔村认为《国语》与《左传》同为左丘明所作,因此,寻绎《周易》古占法,可依据的唯有《春秋》内外传中记载诸筮的材料;第二,魏晋时,汉儒师法俱在,杜预的《左传》注是利用《左传》追溯古占法时不可忽视的路标,且杜注与郑玄《易纬》注等汉人经说相合;第三,唐以上史传中所记古人占事,也是归纳古占时的重要参考及旁证。这三条体现的是渔村一贯的治经原则。

渔村古占法的义例,概括的来说,包括四条:一是在六爻不变时,以象辞占;二是一爻变时,以爻辞占;三是二爻以上变时,总以象辞占;四是六爻全变时,亦以象辞占。② 在《序例第一》的开始,渔村便对上古三易的占法做了一个区分:

> 有占象者,有占爻者,占象者,夏周之法而周家因而用之,占爻之意而周公述而广之。③

---

① 《周易古占法》,第3页。
② 同上书,第9页。
③ 同上。

在渔村看来,伏羲之易,有卦无辞,至于文王,才有象辞,周公又继作爻辞。因此,从上古三易施占的特点来说:夏、商之法"占象","周家因而用之","占象"为三易所共有。但"占爻"却是周易占法中所独有的内容。这里所说的"象",指的是"《周易》卦下之辞"①,即今所谓卦辞。在《周易古占法》的卷二,便有专门的《释象第七》一章,其中指出:象为"全体"之称,"统论一卦之全象","断决一卦之大义"。与爻相比较,"爻之所言有限而象之所该广",因此,"欲决多义之旁薄,断事物之纷更,非象不可"。②

渔村将上古三易的占法区别为"占象"与"占爻",实际上这两者也构成了其古占法中遇不同爻变时最关键的取占依据。尤其是"占象",解决了遇到多爻变化时的复杂情况。以下,笔者将就遇不同爻变时渔村推绎占法的情况进行具体说明:

(1) 六爻不变例

渔村指出:六爻皆不变时,则其占用象辞。其所依据的《左传》材料有三条:

例1,昭公七年,卫孔成子欲立公子元事:

> 卫襄公夫人姜氏无子,嬖人婤姶生孟絷,孔成子梦康叔谓己:立元,余使羁之孙圉与史苟相之。史朝亦梦康叔谓己:余将命而子苟与孔烝鉏之曾孙圉,相元。史朝见成子,告之梦,梦协。晋韩宣子为政聘于诸侯之岁,婤姶生子,名之曰元。孟絷之足不良,能行。孔成子以周易筮之,曰:元尚享卫国,主其社稷!遇屯。又曰:余尚立絷,尚克嘉之!遇屯之比,以示史朝。史朝曰:元亨,又何疑焉?成子曰:非长之谓乎?对曰:康叔名之,可谓长矣,孟非人也,将不列于宗,不可谓长。且其繇曰:利建侯。嗣吉何建?建非嗣也。二

---

① 《周易古占法》,第69页。
② 同上书,第71页。

卦皆云,子其建之！康叔命之,二卦告之,筮袭于梦,武王所用也,弗从何为？弱足者居。侯主社稷,临祭祀,奉民人,事鬼神,从会朝,又焉得居？各以所利,不亦可乎！故孔成子立灵公。

此例中,孔成子用《周易》占筮了两次：一次是筮立元,一次是筮立絷。筮立元时得屯卦,属六爻不变的情况,筮立絷时得屯之比,即屯卦初爻由阳变阴,属一爻变的情况。渔村取其中立元之筮,根据史朝"元亨,又何疑焉？""利建侯"二语取自屯卦卦辞"元亨,利贞,勿用有攸往,利建侯",推定六爻不变时,史朝占用其象。

例2,僖十五年,秦伯伐晋,卜徒父筮之事：

秋……秦伯伐晋,卜徒父筮之,吉。涉河,侯车败,诘之,对曰：乃大吉也。三败必获晋君,其卦遇蛊,曰：千乘三去,三去之馀,获其雄狐。夫狐蛊,必其君也,蛊之贞,风也；其悔,山也。岁云秋矣,我落其实,而取其材,所以克也。实落材亡,不败何待？三败及韩……

此例中,卜徒父筮得蛊卦,应为六爻皆不变。其所论"千乘三去,三去之馀,获其雄狐"应是卦辞,但不见于《周易》,渔村推断其所用为夏商之易,其中以内卦为贞,外卦为悔。可见六爻不变时,夏周之易以象占。渔村认为：这正说明了六爻不变时以象占是占筮之古法,三易一以贯之。并且,此段中杜预曾于"遇蛊"下注云："于《周易》利涉大川,往有事也,亦秦胜晋之卦也。"[①]指明此处用《周易》蛊卦卦辞"利涉大川"来解同样能预示秦国战胜晋国的结果。根据上述两点,渔村做出了六爻不变时,《周易》占本卦象辞的推定。

例3,成公十六年,晋侯将与楚战,筮之事：

---

① 《春秋左传正义》,卷十四。

六月，晋、楚遇于鄢陵。……甲午晦，楚晨压晋军而陈。……苗贲皇言于晋侯曰：楚之良，在其中军王族而已。请分良以击其左右，而三军萃于王卒，必大败之。公筮之，史曰：吉。其卦遇复，曰：南国戚，射其元王中厥目。国戚王伤，不败何待？公从之。

此例中，晋国伐郑，楚国救郑，临战前，晋侯占筮胜败，遇复卦，史官所引，应为复卦卦辞。论定楚国必败。同样，史官所引卦辞并非出自《周易》，渔村的推论与上例相同。

从上述三例可以看出，据《左传》，筮遇六爻不变时，占用彖辞的方法大体是可以成立的。例2和例3中所用虽非《周易》中的彖辞，但在渔村看来，这恰说明《周易》六爻不变、占用彖辞是三易一贯相承之古法。并且，例2中渔村所引杜注，说明虽用三易不同的彖辞占，但从预示的结果来说，具有一致性。除此之外，渔村还引唐以前史传如《三国志》《南史》等中的相关占例进行了旁证，在此不作赘述。

（2）一爻变例

渔村指出：一爻变，则以本卦变爻辞占；杜预在《左传·襄公九年》中曾注解说："《易》筮皆以变者为占，遇一爻变，义异则论彖。"①孔颖达疏云："易筮皆以变者为占，传之诸筮，皆是也。若一爻独变，则得指论此爻，遇一爻变以上，或二爻三爻皆变，则每爻义异，不知所从，则当总论彖辞。"②渔村有关一爻变原则的抽绎相当程度上是受杜注与孔疏的启发。此例中，其所依据的《左传》材料共有十一条，篇幅所限，笔者仅举其大意加以说明。这十一条材料可分作两类：一类是义例明确，可供抽绎的筮例，共九条，其中包括：

庄公二十二年，筮"观之否"，用观卦六四爻辞："观国之光，利用宾于王。"

---

① 《春秋左传正义》，卷三十。
② 同上。

僖公十五年，筮"归妹之睽"，用归妹卦上六爻辞："女承筐无实，士刲羊无血，无攸利"。按：《左传》中作："士刲羊，亦无衁也，女承筐，亦无贶也"，与今归妹卦上六爻文辞小异，取义相同。

僖公二十五年，筮"大有之睽"，用大有卦九三爻辞："公用享于天子。"

宣公十二年，筮"师之临"，用师卦初六爻辞："师出以律，否臧凶。"

襄公二十五年，筮"困之大过"，用困卦六三爻辞："困于石，据于疾藜，入其宫，不见其妻，凶。"

襄公二十八年，筮"复之颐"，用复卦上六爻辞："迷复凶。"

昭公五年，筮"明夷之谦"，用明夷卦初九爻辞："明夷于飞，垂其翼，君子于行，三日不食，有攸往，主人有言。"按：《左传》中逐句解释爻辞。

昭公十二年，筮"坤之比"，用坤卦六五爻辞："黄裳，元吉。"

哀公九年，筮"泰之需"，用泰卦六五爻辞："帝乙归妹，以祉元吉。"按：《左传》中作"祉禄也，若帝乙之元子，归妹而有吉禄"。与泰卦六五爻辞义同。

另一类则并非筮例，而是借以明义。如宣公六年："伯廖告人曰，无德而贪，其在《周易》丰之离，弗过之矣，间一岁，郑人杀之。"借丰卦上六"三岁不觌，凶"之辞来说明无德而贪必凶的道理；又昭公二十九年"(蔡墨)曰：……周易有之，在乾之姤曰，潜龙勿用，其同人曰，见龙在田，其大有曰，飞龙在天，其夬曰，亢龙有悔……"。取乾卦各爻变时本卦爻辞来证明古代有龙。

针对上述一爻变的情况，渔村还补充道：占一爻变，在以本卦变爻之辞为主的同时，取义还应兼论后卦（即之卦）中合乎本卦变爻之辞者。渔村的这一补充显然是因为在第一类筮例中，单纯以本卦变爻辞来解并不能涵括《左传》中解占原则的全部。如"观之否"例，《左传》中除用观卦六四爻辞，还有"乾，天也""照之以天光"等语，这是以之卦否卦的卦象来解占。因此，一爻变时，除以本卦变爻辞为主外，取义还应兼论后卦。除此之外,渔村还引《后汉书》《三国志》等史传中相关占例以为旁证,在此不作赘述。

(3) 二爻以上变例

渔村提出:二爻以上变时,诸卦皆占本卦象,兼取之卦象。此例中,渔村所依据的《左传》与《国语》材料共有四条:

例1,襄公九年,穆姜筮之事:

> 穆姜薨于东宫,始往而筮之,遇艮之八,史曰:是谓艮之随,随,其出也,君必速出。姜曰:亡! 是于周易曰:随,元亨利贞,无咎。元,体之长也,亨,嘉之会也,利,义之和也,贞,事之干也,体仁足以长人,嘉德足以合礼,利物足以和义,贞固足以干事,然故不可诬也,是以虽随无咎。今我妇人而与于乱,固在下位,而有不仁,不可谓元,不靖国家,不可谓亨,作而害身,不可谓利,弃位而姣,不可谓贞,有四德者,随而无咎,我皆无之,岂随也哉,我则取恶,能无咎乎,必死于此,弗得出矣。

此例中,值得注意的是穆姜始筮得"艮之八"。杜预解说:"《周礼》:大卜掌《三易》。然则杂用《连山》《归藏》《周易》。二《易》皆以七八为占。故言遇艮之八。"[1]又下文解释史官"艮之随"时道:"史疑古《易》遇八为不利,故更以《周易》占,变爻,得随卦而论之。"[2]依杜注,"艮之八"是指穆姜用夏商之易即《连山》《归藏》来占的结果。二易占不变,史官因其不祥,又转以《周易》来解释,即所谓"艮之随"。从艮卦到随卦,除六二爻不变,余爻皆变。因此,后世易家大多以"艮之八"中的"八"指艮、随两卦中不变的六二爻。但在渔村看来,"八"并非

---

[1] 《春秋左传正义》,卷三十。
[2] 同上。

指爻,而是"识卦之名","二爻以上变占卦之名"①。第二卷在《释象》之后,有《七八九六释义第八》一章,专门解释"八"的含义。渔村认为:

> 得爻之时,七八九六俱有。然至于称爻,则唯曰九六,不曰七八,以爻占变也。布卦之时,七八俱有,然至于称卦,则唯曰八,不曰七,以七蓍数,八卦数。②

所以,"艮之八"中的"八"指代的是二爻以上变时应占卦辞。但是,在穆姜例中,穆姜与史官所解利用的都是之卦随卦的卦名与卦辞,并未提到艮卦的卦辞。为此渔村解释道:

> 艮象曰:艮其背,不获其身,行其庭,不见其人;象传曰:艮,止也。止其所也,又艮为鬼门、为宗庙,是姜氏之必死于此,不得出,审矣。史不引之者,为姜氏讳耳。姜氏亦知己不当随义,故谓有四德者,随而无咎。又谓必死于此,弗得出矣,盖专主艮为言。③

因此,"八"并非指不变之爻,而是说遇二爻以上变时仍以本卦象辞占。史官之所以突出之卦随卦的意义,是出于为姜氏讳的目的。但从姜氏解来说,她认为自己并不符合随之四德,就其最后的结果而言,也印证了以艮卦象辞解的预示性。

例2,《国语·晋语》董因迎文公于河:

> 董因迎公于河,公问焉,曰:"吾其济乎?"对曰:"……臣筮之,得泰之八。曰:是谓天地配,亨,小往大来。今及之矣,何不济之

---

① 《周易古占法》,第53页。
② 同上书,第78页。
③ 同上书,第53页。

有?……

此例同上,渔村以"泰之八"为筮得泰卦二爻以上变时取本卦象辞之义。董因的解"享,小往大来"出自泰卦卦辞,但董因并未提及之卦,因而渔村以此例为筮得二爻以上变时,单论本卦象辞之例。

例3,《国语·晋语》重耳亲筮得晋国:

> 公子亲筮之,曰:尚有晋国?得贞屯悔豫,皆八也。筮史占之,皆曰:不吉,闭而不通,爻无为也。司空季子曰:吉,是在《周易》,皆利建侯。不有晋国,以辅王室,安能建侯?我命筮曰:尚有晋国,筮告我曰:利建侯,得国之务也,吉孰大焉!震,车也。坎,水也。坤,土也。屯,厚也。豫,乐也。车班外内,顺以训之,泉原以资之,土厚而乐其实。不有晋国,何以当之?震,雷也,车也。坎,劳也,水也,众也。主雷与车,而尚水与众。车有震,武也。众而顺,文也。文武具,厚之至也,故曰屯。其繇曰:元亨利贞,勿用有攸往,利建侯。主震雷,长也,故曰元。众而顺,嘉也,故曰亨。内有震雷,故曰利贞。车上水下,必伯。小事不济,壅也。故曰勿用有攸往,一夫之行也。众顺而有武威,故曰利建侯。坤,母也。震,长男也。母老子强,故曰豫。其繇曰:利建侯行师。居乐、出威之谓也。是二者,得国之卦也。

此例中,需格外注意的是渔村对于"贞屯悔豫,皆八"的解释。历代注家,常以本卦为贞,之卦为悔,解此句为屯卦遇初、四、五爻变,成豫卦,其中,二、三、上爻不变,为阴爻,所以"皆八"。朱子《启蒙》注引"沙随程氏"亦主此说。① 但在渔村看来,"贞屯悔豫,皆八"是说重耳实际上占筮了两次,初筮得屯卦,史官以为不吉,因此再筮得豫卦,以初筮所

---

① 朱熹:《易学启蒙》,收于《朱子全书》第一册,第258页。

得为贞，以再筮所得为悔，拟之于内外卦；两卦皆为二爻以上变的情况，因此说"皆八"。司空季子依据两卦的卦象来讲卦名和卦辞，同取是两卦象辞中"利建侯"之意。

例4，《国语·周语》：

> 单襄公……曰：成公之归也，吾闻晋之筮之也，遇乾之否，曰：配而不终，君三出焉。一既往矣，后之不知，其次必此。……其卦曰：必三取君于周。……

此例中，"乾之否"是指乾卦初、二、三爻变之否卦。其中，并没有引用《周易》的乾、否两卦的卦辞，但渔村认为其占泛论卦之体象，并没有用爻义，也从侧面说明古法在二爻以上变时，总占象辞。

严格的来说，所谓"二爻以上变例"应该包括四种情况，即二爻变、三爻变、四爻变与五爻变。但在《左传》与《国语》中，并没有二爻变、四爻变的筮例，三爻变的筮例只有例4，五爻变的筮例只有例1。其中，因为渔村对"贞屯悔豫，皆八"再筮的解释，例3并不属于三爻变的情况。从上述四例来看，显然并不能涵括二爻至五爻变的全部内容。但渔村通过对数"八"的解释，利用数八指"二爻以上变时占卦之名"的模糊性弥合了这一归纳上的缺憾。此外，前述杜注"义异则论象"与孔疏"遇一爻变以上……则当总论象辞"之说也无疑为渔村推定此例增添了更多的信心。除此，渔村还引《晋书》《北齐书》等史传中的相关占例进行了旁证，在此不作赘述。

（4）六爻全变例

渔村指出：六爻皆变，则乾坤占用九、用六，余卦合观本卦、之卦二象。以本卦为体，之卦为用。《左传》中仅有一例：

例1，昭公二十九年

> （蔡墨）曰：……周易有之，在乾之姤曰，潜龙勿用……其坤

168 | 日本近世易学研究

曰,见群龙无首……

此例中,蔡墨所言,是乾六爻皆变之坤,所用为乾卦用九爻辞。渔村认为:乾六爻皆变而之坤,占乾用九之辞,则可见坤六爻皆变之乾,亦占坤用六之辞。乾坤六爻皆变,不可直接用卦下之辞,则又可见余卦六爻皆变时,应当合观前后二象。

以上就遇不同爻变时渔村推绎占法的情况进行了说明。《左传》《国语》中与占筮有关例子共有二十二条,其中,除《左传》昭公元年"晋侯求医于秦"及昭公三十二年"赵简子问于史墨"两例借卦明意外,其余二十例都与占法有关。渔村在《周易》古占法的抽绎过程中,总计使用了其中十八条筮例。未使用的两条,一为闵公元年"毕万筮仕于晋",此例中,毕万筮得"屯之比",为初爻变,辛廖的解则是从两卦的卦名和卦象入手,与渔村的一爻变例不合;另一则为闵公二年"桓公使卜楚丘之父卜之",筮遇"大有之乾",为六五爻变,卜楚丘之父的解依从卦象,未用爻辞,同样与渔村的一爻变例不同。这两条反例的存在进一步提示出渔村在周易古占法的研究中所使用的实际上是归纳法。从整体上来说,渔村归纳的四条义例是能够涵括大多数内容的。其中,尤其是在二爻以上变例中对"艮之八"与"贞屯悔豫,皆八"所作的创造性的解释,疏通了《左传》《国语》中历代以为滞碍难解的筮例。

3. 对朱子占筮法的考辨

至此,渔村《周易》古占法的义例已大致厘清。以此为据,渔村又进一步对朱子《启蒙》《本义》中的相关占筮方法进行了考辨。

(1) 考辨朱子占法

从渔村的古占法来看,其与朱子《启蒙》中占法最大的不同,在于遇二爻以上变时的取占原则。

朱子《启蒙》在二爻变时,认为:"二爻变,则以本卦二变爻辞占,仍以上爻为主。"其下有注:"经传无文,今以例推之当如此。"①渔村认为,朱子所谓"以例推之"之"例",实际上并无实据。在这里,渔村列举了《晋书·郭璞传》中"郭璞为元帝筮"的例子,其中,郭璞筮遇咸之井,是咸卦六二九四二爻变之井卦,但郭璞泛论卦体,并未以咸卦二变爻来解释。以此来证明,二爻变例属于朱子自创,古来从无此说。

《启蒙》中在三爻变时,认为:"三爻变,则占本卦及之卦之彖辞,而以本卦为贞,之卦为悔,前十卦主贞,后十卦主悔。"②并在其后附有《易》三十二图。渔村认为,朱子"此说最误"。③ 第一,朱子三爻变注下所引沙随程氏以"重耳筮得国,遇贞屯悔豫,皆八"为三爻变筮例是不成立的,前文已阐明渔村有关此例的解释;第二,贞悔之说为内外卦之称,并非前后卦之称;第三,《易》三十二图中认为六十四卦互相往来,以一卦中具六十四卦,与《焦氏易林》合。渔村认为《易》中明言圣人以八卦重而为六十四卦,因而此说"穿凿破碎,真为易学蓁芜"④。

《启蒙》中在四爻变、五爻变时,认为:"四爻变,则以之卦二不变爻占,仍以下爻为主""五爻变,则以之卦不变爻占"。渔村看来:"周易之占爻,占变动之一爻也,是以爻有九六之辞,无七八之辞,乌有所谓占不变爻者?"⑤

综言之,渔村的古占法,在二爻以上变时,总以占彖辞。而朱子在《启蒙》中则分别就二爻变、三爻变、四爻变、五爻变的情况作出了说明。如前所述,《左传》《国语》中并无二、四爻变的筮例,因此,朱子在《启蒙》的自注中皆曰"以例推之"。但在渔村看来,朱子所谓的"例"并无实据,都是属于朱子自己的发明。尤其是在三爻变时,朱子还创作

---

① 《易学启蒙》,第258页。
② 同上。
③ 《周易古占法》,第85页。
④ 同上书,第86页。
⑤ 同上书,第88页。

了《易》三十二图作为取占的根据。因此,渔村引清儒查慎行"朱子之易,非孔子之易"说①,认为朱子的占法实际上是自成体系的一套学说,与古占法无关。

(2) 考辨揲蓍之法

《周易古占法》卷三中,渔村还就《本义》《启蒙》中的揲蓍之法进行了考订。其中包括两部分:一是在《揲蓍解第十》中,蒐集汉魏古注,重新解释了《系辞》中"大衍之数五十"一章;另一则是在《问筮仪第十一》中,依据《仪礼》经文及汉代与筮仪有关的材料,对《本义》前的《筮仪》提出质疑,指出:《筮仪》非朱子亲作。② 渔村的依据主要有三点:

第一,有关占筮的场合。《筮仪》中有"择地洁处为蓍室"。渔村据《仪礼》"筮于庙门外"指出:占筮是一件郑重的事情,需谋之于先祖鬼神,因此筮必于庙。

第二,有关占筮的方向。《筮仪》中有"筮者北面见《仪礼》"之语。渔村指出:《仪礼》中"筮者北面"仅见于《士丧礼》。《士冠礼》、"特牲馈食""少牢馈食"中筮者皆西面。《筮仪》直接说"筮者北面见《仪礼》"未免失言。

第三,有关占筮中焚香的仪节。《筮仪》:"置香炉一于格南,香合于一炉南,日炷香致敬。"渔村指出:"烧香之事,唯道家奉仙,浮屠礼佛乃有之"③,绝不应用于作为"圣人之道四"之一的占筮的场合。

从《筮仪》的这三点疏漏入手,渔村认为《筮仪》不可能出自朱子手笔。这种否定也从侧面折射出渔村对待朱子的态度:虽然他对朱子的占筮之法多有批判,但对于朱子的学问仍然是持高度肯定的态度。此外,他在《筮仪问》中依据《仪礼》经文,对占筮仪节的整理,也成为了《筮仪》合理性遭致否定之后,重组筮仪的一种尝试。

---

① 《周易古占法》,第86页。
② 按,清代朱子学者王懋竑亦曾指出:"筮仪之文,不类朱子。"
③ 《周易古占法》,第115页。

通过以上对海保渔村《周易古占法》中心内容的研究，可以清楚地看到渔村古占法研究的方法、内容及特点。渔村看来，《左传》《国语》中的筮例是研究古占法唯一可凭借的依据，因而有着至高的地位。他在归纳中对于"艮之八"等所作的创造性的解释，无一不是为了弥合《左传》诸筮例间的所存在的不统一。《左传》中存在的两条反例，渔村虽避而不谈，但在《题辞》中"区区者虽未敢言无遗误"说法说明他对自身研究的界限有着清醒的认知。相较于《启蒙》在注解五爻变时，朱子引《左传》"穆姜筮遇艮之八"例说："法宜以'系小子，失丈夫'为占，而史妄引随之象辞以对则非也"①所体现的一种以理为裁断的自信，渔村所表现出的是一种非常鲜明的实证主义的特征。

当然，仅以实证主义来概括渔村的学问特质并不合适。《周易古占法》以古为名，古占法之"古"，在渔村这里，不仅意味着在时间上更为久远的材料与依据，而且意味着一种更高的权威性。这种权威性所针对的是朱子学在江户时代儒学发展过程中所具有的权威地位。因此，对于渔村来说，《周易》古占法的实证研究、对于朱子占筮的考辨，绝非仅仅在于还原历史中上古占法之真相，更为重要的是在江户后期朱子学"尺寸不容逾越"②的儒学氛围中，开拓出一条新的追寻圣人之道的道路。

---

① 《易学启蒙》，第258页。
② 《周易古占法》，第92页。

参考文献

古典文献

白重行:《周易解》,刊本、存二卷、一册,泊园文库藏本。

班固:《汉书》,北京:中华书局,1962年。

板仓胜明:《春台太宰先生传》,收于《事实文编》。

板仓胜明:《仁斋伊藤先生传》,收于《事实文编》。

蔡沉:《洪范皇极内篇》,收于《四库全书珍本》第二十四、二十五卷,台北:台湾商务印书馆,1974年。

柴野栗山:《栗山文集》,天保十四年刊本,关西大学图书馆藏。

程颐、程颢:《二程集》北京:中华书局,2008年。

稻垣长章:《春台先生墓志》,收于《事实文编》。

荻生北溪:《七经孟子考文补遗·周易》,收于严灵峰《无求备斋易经集成》,台湾:成文出版社,1976年。

荻生徂徕:《辨道》,收于今中宽司、奈良本辰也编《荻生徂徕全集》。

荻生徂徕:《辨道》,收于今中宽司、奈良本辰也编《荻生徂徕全集》,东京:河出书房,1973年。

荻生徂徕:《辨名》,收于今中宽司、奈良本辰也编《荻生徂徕全集》。

荻生徂徕:《荻生徂徕全集》,岛田虔次所编,东京:みすず书房,1973年。

荻生徂徕:《荻生徂徕全集》,今中宽司、奈良本辰也编,东京:河出书房新社,1973年。

海保渔村:《周易古占法》,冈本况斋抄本,关西大学图书馆馆藏。

海保渔村:《周易古占法》,关西大学图书馆藏本。

海保渔村:《周易汉注考》,自笔稿本,日本国立国会图书馆藏本。

海保渔村:《周易校勘记》,今收于关仪一郎《儒林杂纂》,东京:东洋图书刊行会,1938年。

海保元起:《渔村海保府君年谱》,渔村先生纪念会编,东京:渔村先生纪念会,1938年。

何休注、徐彦疏:《春秋公羊传注疏》,《十三经注疏》整理本,北京:北京大学出版社,2000年。

胡广:《周易传义大全》,日本关西大学泊园文库藏本。

吉川幸次郎、清水茂:《伊藤仁斋·东涯略年谱》,收于《伊藤仁斋·伊藤东涯》(日本思想大系33),东京:岩波书店,1971年。

江村北海:《日本诗史》,收于《日本儒林丛书三》,东京:凤出版,1971年。

林罗山:《林罗山文集》,东京:ぺりかん社,1979年。

林罗山:《神道传授》,收于《近世神道论·前期国学》(日本思想大系39),东京:岩波书店,1972年。

浅见絅斋:《浅见先生易师说》,小滨市立图书馆、酒井家文库藏本。

浅见絅斋:《易师说》,小滨市立图书馆、酒井家文库藏本。

浅见絅斋:《易学启蒙师说》,小滨市立图书馆、酒井家文库藏本。

三宅尚斋:《易学启蒙笔记》,泊园文库藏本。

三宅尚斋:《易学启蒙续笔记》,泊园文库藏本。

三宅尚斋:《易学启蒙续续笔记》,泊园文库藏本。

三宅尚斋:《朱易衍义笔记》,《道学资讲》卷三〇七,名古屋市蓬左文库藏本。

山崎闇斋:《辟异》,收于《新编山崎闇斋全集》第三卷。

山崎闇斋:《持授抄·神篱盘境极秘之传》,收于《新编山崎闇斋全集》第四卷。

山崎闇斋:《风水集》,收于《新编山崎闇斋全集》第五卷。

山崎闇斋:《风叶集》,收于《新编山崎闇斋全集》第五卷。

山崎闇斋:《洪范全书》,收于《新编山崎闇斋全集》第三卷。

山崎闇斋:《会津神社志序》,收于《新编山崎闇斋全集》第一卷。

山崎闇斋:《拘幽操》,收于《新编山崎闇斋全集》第四卷。

山崎闇斋:《文会笔录》,收于《新编山崎闇斋全集》第一卷。

山崎闇斋:《朱易衍义》,收于《新编山崎闇斋全集》第三卷,日本古典学会编,东京:

ぺりかん社,1978 年。

山田思连叔:《闇斋先生年谱》,收于《新编山崎闇斋全集》第四卷。

松崎惟时:《春台先生行狀》,收于《事实文编》。

太宰春台:《斥非附录・读仁斋易经古义》,收于《徂徕学派》(日本思想大系 37),东京:岩波书店,1972 年。

太宰春台:《春台先生紫芝园稿》,东京:ぺりかん社,1986 年。

太宰春台:《经济录》,收于赖惟勤校注《徂徕学派》(日本思想大系 37),东京:岩波书店,1972 年。

太宰春台:《经济录:无为・易道》,收于《徂徕学派》。

太宰春台:《论语古训外传》,关西大学泊园文库藏本。

太宰春台:《易道拨乱》,刊本、泊园文库藏本。

太宰春台:《易占要略》,刊本、国立国会图书馆藏本。

太宰春台:《周易反正・凡例》,抄本、泊园文库藏本。

藤原常雅:《绍述先生伊藤君碣铭》,收于《绍述先生文集》,东京:ぺりかん社,1758 年。

藤泽东畡:《易纂》,关西大学泊园文库藏本。

藤泽东畡、藤泽南岳:《周易辑疏》,关西大学泊园文库藏本。

藤泽南岳:《七香斋杂纂一》,自笔稿本、关西大学泊园文库藏。

脱脱等:《宋史》,北京:中华书局,1977 年。

王弼:《王弼集校释》,北京:中华书局,1980 年。

王弼注、孔颖达疏:《周易正义》,收于《十三经注疏本》,北京:北京大学出版社,2000 年。

伊藤东畡:《原圣志》,收于泊园社藏校《泊园家言》,关西大学图书馆藏本。

伊藤东涯:《辨疑录》,收于《伊藤仁斋・伊藤东涯》,《大日本思想全集》第 4 册,东京:大日本思想全集刊行会,1932 年。

伊藤东涯:《读易私说》,伊藤善韶抄本,关西大学内藤文库藏。

伊藤东涯:《读易图例》,关西大学泊园文库藏本。

伊藤东涯:《复性辨》,收于《日本教育思想大系:伊藤仁斋・东涯》。

伊藤东涯:《古学指要》,收于《日本教育思想大系:伊藤仁斋・东涯》。

伊藤东涯:《绍述先生文集》,东京:ぺりかん社,1988 年。

伊藤东涯:《太极图说管见》,收于《日本教育思想大系:伊藤仁斋·东涯》。
伊藤东涯:《太极图说十论》,收于《日本教育思想大系:伊藤仁斋·东涯》。
伊藤东涯:《通书管见》,关西大学图书馆藏本。
伊藤东涯:《先府君古学先生行状》,收于五弓雪窗《事实文编》,吹田:关西大学出版部,1979—1981年。
伊藤东涯:《易考异》,伊藤长坚抄本,国立国会图书馆藏本。
伊藤东涯:《周易传义考异》,七卷三册缺本,天理大学古义堂文库所藏。
伊藤东涯:《周易传义考异》,绪氏写本,天理大学古义堂文库所藏。
伊藤东涯:《周易讲义》,国立国会图书馆藏本。
伊藤东涯:《周易经翼通解》,收于星野恒校订《汉文大系·周易》。
伊藤东涯:《周易经翼通解释例》,收于星野恒校订《汉文大系·周易》。
伊藤东涯:《周易义例卦变考》,关西大学泊园文库藏本。
伊藤仁斋:《大象解》,收于《日本儒林丛书五》。
伊藤仁斋:《论语古义》,收于关仪一郎编《日本名家四书注释全书》,东京:凤出版,1973年。
伊藤仁斋:《童子问》,收于《日本教育思想大系:伊藤仁斋·东涯》。
伊藤仁斋:《易经古义》,收于关仪一郎编《日本儒林丛书五》,东京:凤出版、1972年。
伊藤仁斋:《语孟字义》,收于《日本教育思想大系:伊藤仁斋·东涯》,东京:日本图书センター,1979年。
伊藤善韶:《周易经翼通解序》,收于星野恒校订《汉文大系·周易》,东京:富山房,1913年。
永瑢等撰:《四库全书总目提要》,河北:河北人民出版社,2000年。
原念斋、东条琴台:《先哲丛谈》,东京:松荣堂书店,1899年。
张载:《张载集》,北京:中华书局,2008年。
中井履轩:《周易雕题》,怀德堂文库本,东京:吉川弘文馆,1997年。
中井履轩:《周易逢原》,泊园文库藏本。
周敦颐:《太极图说》,收于《周敦颐集》,北京:中华书局,1990年。
周敦颐:《通书》,收于《周敦颐集》。
朱子:《蓍卦考误》,收于《朱子全书》。

朱子:《四书章句集注》,北京:中华书局,1983年。

朱子:《太极图说解》,收于《朱子全书》。

朱子:《通书解》,收于《朱子全书》。

朱子:《文集·书伊川先生易传板本后》,收于朱杰人等主编《朱子全书》,上海:上海古籍出版社,2012年;合肥:安徽教育出版社,2002年。

朱子:《易学启蒙》,收于《朱子全书》。

朱子:《中庸或问》,收于《朱子全书》。

朱子:《周易本义》,收于《朱子全书》。

朱子:《朱子语类》,收于《朱子全书》;另有北京:中华书局,1986年版。

佐藤直方:《韫藏录·讨论笔记》,收于《佐藤直方全集》,日本古典学会编,东京:ぺりかん社,1979年。

近现代研究

阿部秋生:《山崎闇斋の神道思想》,收于《近世神道论》,东京:岩波书店,1972年。

安井小太郎:《日本儒学史》,东京:富山房,1939年。

滨久雄:《荻生徂徕の易学》,收于《东洋研究》第11期,2006年。

滨久雄:《太宰春台の易学》,收于《东洋研究》第1期,2010年。

滨久雄:《伊藤东涯の易学》,收于《东洋研究》第1期,1989年。

陈来:《宋明理学》,沈阳:辽宁教育出版社,1992年。

陈来:《朱子哲学研究》,上海:华东师范大学出版社,2000年。

传记学会:《山崎闇斋と其门流》,东京:明治书房,1946年。

大庭修:《江户时代における唐船持渡书の研究》,吹田:关西大学东西学术研究所,1981年。

大庭修:《江户时代中国典籍流播日本之研究》,戚应平等译,杭州:杭州大学出版社,1998年。

高岛元洋:《山崎闇斋——日本朱子学と垂加神道》,东京:ぺりかん社,1992年。

《古义堂遗书总目叙释》,收于《古义堂文库目录》,天理:天理大学出版社,1956年。

壶井义正:《关西大学泊园文库藏书目录》,吹田:关西大学出版社,1959年。

黄俊杰:《德川〈论语〉诠释史论》,台北:台湾大学出版中心,2006年。

吉川幸次郎:《仁斋东涯学案》,收于《伊藤仁斋·伊藤东涯》(日本思想大系33),东京:岩波书店,1971年。

加藤仁平:《伊藤仁斋の学问と教育》,东京:目黑书店,1940年。

金谷治:《日本考证学派的成立——以大田锦城为中心》,收于源了圆《江户后期の比较文化研究》,东京:ぺりかん社,1990年。

近藤启吾:《神道大系·论说编·垂加神道》,东京:精兴社书店,1984年。

近藤启吾:《易学と山崎闇斋》,收于《山崎闇斋の研究》,伊势:神道史学会,1986年。

井上哲次郎:《日本古学派之哲学》,东京:富山房,1926年。

井上哲次郎:《日本朱子学派之哲学》,东京:富山房,1915年。

刘大钧:《周易概论》,济南:齐鲁社,1986年。

末木恭彦:《七经孟子考文凡例的考察(上)》,收于《东海大学纪要》第55号,1991年。

奈良场胜:《近世易学研究——江户时代の易占》,东京:おうふう,2010年。

南一郎:《日本道学渊源录》,高松:日本印刷所,1938年。

前泽渊月:《太宰春台》,东京:嵩山房,1920年。

三宅正彦:《京都町众伊藤仁斋の思想形成》,京都:思文阁出版,1987年。

石田一良:《伊藤仁斋》,东京:吉川弘文馆,1960年。

陶德明:《日本汉学思想史论考》,吹田:关西大学出版社,1999年。

田尻祐一郎等:《太宰春台·服部南郭》,东京:明德出版社,1995年。

土田健次郎:《伊藤仁斋的易学——日本易学的一个侧面》,收于《中国哲学传统新论——朱伯崑教授七十五寿辰纪念文集》,北京:九州图书出版社,1999年。

丸山真男:《日本政治思想史》,东京:东京大学出版会,1998年。

王金林:《日本神道研究》,上海:上海世纪出版,2007年。

王维先:《日本垂加神道哲学思想研究》,济南:山东人民出版社,2004年。

吾妻重二:《泊园书院历史资料集——泊园书院资料集成》,吹田:关西大学出版社,2010年。

吾妻重二:《关西大学泊园文库自笔稿本目录について》,收于《アジア文化交流研究》第5号,2010年。

吾妻重二:《宋代思想の研究》,吹田:关西大学出版社,2009年。

吾妻重二编:《泊园记念会创立五十周年记念论文集》,吹田:关西大学出版社,2010年。

吴伟明:《易学对德川日本的影响》,香港:香港中文大学出版社,2009年。

武部善人:《太宰春台》,东京:吉川弘文馆,1997年。

武内义雄:《易と中庸の研究》,东京:岩波书店,1943年。

相良亨:《伊藤仁斋》,东京:ぺりかん社,1998年。

星野恒:《周易解题》,收于《汉文大系·周易》,东京:富山房,1913年

伊东伦厚:《伊藤东涯の〈周易〉十翼批判》,收于《日本中国学会报》总第55号,2003年。

伊东伦厚:《伊藤仁斋(附)·伊藤东涯》,东京:明德出版社,1983年。

张崑将:《日本德川时代古学派之王道政治论——以伊藤仁斋、荻生徂徕为中心》,台北:台湾大学出版中心,2004年。

朱伯崑:《易学哲学史》,北京:华夏出版社,1996年。

朱谦之:《日本的古学及阳明学》,北京:人民出版社,2000年。

朱谦之:《日本的朱子学》,北京:人民出版社,2000年。

朱谦之:《日本哲学史》,北京:人民出版社,2002年。

子安宣邦:《伊藤仁斋——人伦的世界の思想》,东京:东京大学出版会,1982年。